Scriptor Praxis

STEPHAN RADEMACHER

Schulische Leistungsbeurteilungen aus rechtlicher Sicht

Kompakt und aktuell – mit vielen Beispielen

Cornelsen

Der Autor
Dipl. jur. Stephan Rademacher ist beim Schulamt der Stadt Bremerhaven in der Schulaufsicht tätig und Dozent für schulrechtliche Themen am Landesinstitut für Schule in Bremen.

*Gewidmet **Prof. em. Dr. phil. Werner Sacher** (Friedrich-Alexander-Universität Erlangen-Nürnberg)* für seine Verdienste um die Weiterentwicklung einer zeitgemäßen Diagnostik und Beurteilung schulischer Leistungen

Alle aufgeführten Systeme und Tools stellen nur Beispiele für die Unterrichtsgestaltung dar. Bitte stimmen Sie sich mit Ihrer Schulleitung dazu ab, welche Systeme oder Tools an Ihrer Schule im Rahmen der Unterrichtsgestaltung genutzt werden dürfen.

Projektleitung: Juliane Maaß, Berlin
Redaktion: Marion Clausen, Berlin
Umschlagkonzept: Kerstin Zipfel, München
Umschlaggestaltung: LemmeDesign, Berlin
Umschlagabbildung: Shutterstock.com/lemono
Technische Umsetzung: Reemers Publishing Services GmbH, Krefeld

www.cornelsen.de

1. Auflage 2022

Druck: H. Heenemann, Berlin

ISBN 978-3-589-16878-1

PEFC
PEFC/04-31-1156

PEFC zertifiziert
Dieses Produkt stammt aus nachhaltig bewirtschafteten Wäldern und kontrollierten Quellen.

www.pefc.de

Inhaltsverzeichnis

Geleitwort von Prof. Dr. Daniel Scholl

Univ.-Prof. an der Universität Siegen, Fachbereich Erziehungswissenschaften, Schwerpunkt Schulpädagogik

Es ist geschafft! Sie haben Ihre erste Unterrichtsreihe im neuen Schuljahr abgeschlossen und setzen sich an die Vorbereitung der abschließenden Leistungsüberprüfung. Um festzustellen, inwiefern sich Ihre Schülerinnen und Schüler das angestrebte begriffliche Wissen angeeignet haben, überlegen Sie, Multiple-Choice-Fragen einzusetzen. Diagnostische und testtheoretische Anforderungen an deren Erstellung kennen Sie bereits aus Ihrem Studium, in dem Sie außerdem selbst mehrere solcher Tests durchlaufen haben. Während Sie sich an die Entwicklung der ersten Aufgabe machen, regt sich in Ihnen allerdings der Zweifel, ob Sie ein solches Aufgabenformat überhaupt einsetzen dürfen?

Dieser Zweifel steht stellvertretend für zahlreiche Fragen, die während der einzelnen Phasen individualdiagnostischer Prozesse im schulischen Unterricht auftreten können. Auch unabhängig von Prüfungsanfechtungen oder anderen Konflikten rund um die Leistungsfeststellung und -bewertung, die oft am Ende von diagnostischen Prozessen stehen, drängen diese Fragen bereits ab den ersten Prüfungsideen auf eine rechtliche Klärung. Für viele angehende und praktizierende Lehrkräfte stellen aber die rechtlichen Grundlagen für eine solche Klärung einen Wissensbereich dar, den sie sich eigenständig erschließen müssen. In der Regel wird nämlich in der Lehrkräftebildung der Schwerpunkt auf die Diagnostik als pädagogische Aufgabe gelegt – allerdings aus gutem Grund: Als Expertinnen und Experten für das Lehren und Lernen muss sich die Qualität der Arbeit von Lehrkräften immer auch daran bemessen lassen, inwiefern es ihnen gelingt, gehaltvolle Lernprozesse der Schülerinnen und Schüler anzuregen und zu begleiten. Dass dabei zum Beispiel eine möglichst akkurate Diagnostik vor allem im Dienst eines präzisen Wissens über die pädagogisch bedeutsamen Lernvoraussetzungen oder die Lernwirksamkeit der Lehre steht, scheint offensichtlich.

Auch wenn die angedeuteten rechtlichen Fragen weit weniger gründlich in der Lehrkräftebildung verankert sind, sind sie doch nicht minder bedeutsam. Denn sie setzen die Leistungsdiagnostik in einen größeren gesellschaftlichen Zusammenhang, in dem sich die wertbezogene Frage stellt, wie wir Leistungen anderer zum Beispiel im Wissen über die möglichen Folgen innerhalb eines Berechtigungswesens erfassen und bewerten wollen. Besonders bedeutsam in diesem größeren gesellschaftlichen Zusammenhang ist auch, dass schulische Leistungsdiagnosen im rechtlich-administrativen Rahmen staatlich organisierten Unterrichts durchgeführt werden, der die pädagogische Freiheit bei der Erfüllung dieser beruflichen Aufgabe deutlich reglementiert. Diese Reglementierung soll nicht nur dazu beitragen, dass Leistungsdiagnosen über Umsetzungsunterschiede hinweg gesetzten Ansprüchen genügen. Dieser Rahmen soll auch die Schülerinnen und Schülern davor bewahren, schicksalhafte Lebenschancen in Abhängigkeit von einzelnen Lehrkräften und ihrer subjektiven Auslegung der Leistungsdiagnostik begünstigt oder verwehrt zu bekommen.

Ob während des Studiums, des Referendariats oder in der Schulpraxis: Diese Bedeutung des rechtlich-administrativen Rahmens der Leistungsdiagnostik macht es notwendig, sich tiefergehendes prüfungsrechtliches Wissen zu erarbeiten, das in seiner engen Verbindung mit dem Verwaltungs- und Verfassungsrecht bisweilen ehrfurchtgebietend wirken mag.

Gerade als mögliche Unterstützung bei dieser Erarbeitung leistet Stephan Rademacher mit seinem Buch zur schulischen Leistungsdiagnostik aus rechtlicher Sicht Beachtliches: Veranschaulicht an alltagsnahen und typischen Situationen der summativen Leistungsdiagnostik stellt er die rechtliche Relevanz der mit ihnen aufgeworfenen Fragen heraus und erläutert zentrale Rechtsgrundsätze als Bezugspunkt für deren Beantwortung. Dabei gelingt es ihm, in diese Grundsätze einerseits zwar fallbezogen, aber abstrakt genug einzuführen, um die eigene Arbeit unter den je länderspezifischen prüfungsrechtlichen Bestimmungen daran anschließen zu können. Andererseits sind die Erläuterungen dieser Grundsätze entlang der gewählten Beispiele alltäglicher Diagnostik so konkret, dass eine praxisnahe Orientierung für den eigenen Unterricht gegeben wird – mit einer ermutigenden Folge: Das Wissen über die vorgestellten Grundsätze kann nicht nur ein Gefühl der (Rechts-) Sicherheit für alle Phasen summativer Leistungsdiagnosen verschaffen, das möglicherweise die Zuversicht in die eigene, verantwortungsvolle Leistungsfeststellung und -bewertung weiter erhöht. Diese Arbeit ist auch imstande, die Ehrfurcht vor diesem Aspekt des Diagnostizierens zu nehmen. Stephan Rademacher zeigt nämlich in einer bestechenden Form auf, dass die rechtlichen Aspekte des Diagnostizierens die pädagogischen stützen und die testtheoretischen absichern – eine Leistung, die die Verknüpfung von vorhandenem pädagogisch-diagnostischem Wissen mit rechtlichem erleichtert und darüber vermittelt einen Beitrag zum fairen Umgang mit den Leistungen von Schülerinnen und Schülern zu erbringen vermag.

Köln, März 2022

Daniel Scholl

Einleitung

Liebe Leserinnen und Leser,

die pädagogische Literatur hat in den letzten Jahren viele beachtenswerte Anläufe unternommen, um das klassische System der schulischen Leistungsbeurteilungen weiterzuentwickeln – oder gar ganz neu zu denken. Und das ist auch völlig richtig so: Wenn man einmal unterstellt, dass sich in der jüngeren Vergangenheit nicht nur der Begriff der „Leistung" erheblich verändert hat, sondern auch die Erkenntnisse der Forschung zu lernwirksamen Unterrichts- bzw. Lernprozessen gewichtige Fortschritte gemacht haben, so können die uns allen bekannten Klassenarbeiten oder Klausuren nicht mehr allein das Maß einer umfassenden Leistungseinschätzung unserer Schülerinnen und Schüler sein. In den Vordergrund müssen vielmehr auch und vor allem solche diagnostischen Verfahren rücken, die den Lernprozess in den Fokus nehmen und die Kinder und Jugendlichen dabei unterstützen, zu (noch) größeren Lernerfolgen zu kommen. Viele praktische Beispiele für den Unterricht geben *Liane Paradies, Franz Wester und Johannes Greving* in dem Buch *Leistungsmessung und -bewertung*, das ebenfalls in dieser Reihe erschienen ist.

Bei allen begrüßenswerten Überlegungen zur Fortentwicklung der schulischen Beurteilungspraxis ist bisher ein Aspekt gleichwohl zu kurz gekommen: und zwar die rechtliche Seite! Natürlich kann man darüber nachdenken, vermehrt Beurteilungsformate wie Gruppenarbeiten in den Schulalltag einzubinden oder das Anfertigen von Portfolios zu stärken – aber was ist dabei aus rechtlicher Sicht zu beachten? Genau hier setzt dieses Buch an: Es beleuchtet schulische Leistungsbeurteilungen weniger aus einer pädagogischen Perspektive, sondern vielmehr aus einer rechtlichen: Wie müssen schulalltägliche Leistungskontrollen wie Klassenarbeiten, Klausuren oder Prüfungen angelegt sein, damit sie im Ergebnis rechtssicher sind? Worauf ist zu achten, wenn Gruppenarbeiten bewertet werden sollen? Wie ist bei mündlichen Abschlussprüfungen das notwendige Protokoll zu formulieren? Und wann liegt eine beachtenswerte Täuschungshandlung vor? Das sind nur einige der vielen spannenden Fragen, mit denen sich die Gerichte beschäftigen müssen und um die es hier gehen soll.

Dieses Buch möchte insoweit die pädagogische Sicht auf das Thema „Leistungsbeurteilung" um eine rechtliche ergänzen und bereichern – und vor allem möchte es den vielen Lehrkräften und Schulleitungen ein Ratgeber dabei sein, wie schulische Leistungsbeurteilungen möglichst gut, funktional und rechtssicher durchgeführt werden können.

Aus rechtlicher Sicht tauchen die meisten Streitfragen im Zusammenhang mit den summativen, d.h. auf den Lernerfolg ausgerichteten Leistungskontrollen auf. Formative Leistungsrückmeldungen, bei denen der Lernprozess der Schülerinnen und Schüler im Vordergrund steht, sind im Grunde nie Gegenstand rechtlicher Verfahren, und auch zukunftsorientierte Leistungseinschätzungen der Lehrkräfte wie Versetzungsentscheidungen oder Empfehlungen für den weiteren Bildungsgang am Ende der Grundschule spielen aus rechtlicher Sicht nur eine untergeordnete Rolle. Damit ist auch der inhaltliche Schwerpunkt dieses Buches weitgehend umrissen: Dargestellt werden im Folgenden in erster Linie die rechtlichen Anforderungen an summative (bilanzierende) Leistungsüberprüfungen, wobei hierfür ganz konkret auf die einzelnen Phasen von schriftlichen und mündlichen Leistungsbeurteilungen näher eingegangen wird. Prognostische Leistungseinschätzungen wie Übergangsempfehlungen am Ende der Grundschule oder Versetzungsentscheidungen werden nur insoweit thematisiert, wie sie rechtlich bedeutsam sind.

Wie immer, wenn es um die Darstellung schulrechtlicher Themen geht, ist zu beachten, dass die Ausgestaltung des Schulrechts – und damit eben auch des Rechts der Leistungsbeurteilungen – zunächst einmal im Zuständigkeitsbereich der einzelnen Bundesländer liegt. Gleichwohl wurden in den letzten Jahren durch die Rechtsprechung aber auch verschiedene prüfungsrechtliche Grundsätze aufgestellt, die gleichermaßen für alle Bundesländer gelten. Für die Lektüre dieses Buches hat das zur Konsequenz, dass immer auch ein Blick in das jeweilige Landesrecht geworfen werden muss, um zu erfahren, welche speziellen Regelungen dort getroffen wurden.

Auch wenn es, wie bereits erwähnt, aus pädagogischer Sicht wichtig ist, über zeitgemäße Formen schulischer Leistungsbeurteilungen nachzudenken, so darf es aber auch an fundierter Grundlagenliteratur zu diesem Thema nicht fehlen. Hier hat *Werner Sacher* in den letzten Jahrzehnten Bemerkenswertes geleistet: Mit seinen zahlreichen Veröffentlichungen trug er wesentlich dazu bei, das klassische „Beurteilungsgeschäft" der Lehrkräfte zu professionalisieren – und gleichzeitig deutlich zu machen, wie fehleranfällig im Grunde unsere Bewertungen von erbrachten Leistungen sind. Mit Blick auf seine Verdienste möchte ich daher *Werner Sacher* dieses Büchlein widmen.

Schiffdorf, März 2022

Stephan Rademacher

Grundlagen und Grundbegriffe

1

Auch wenn in den folgenden Kapiteln die rechtliche Seite der Leistungsbeurteilungen im Vordergrund stehen, erscheint es zweckmäßig, zunächst auf einige pädagogische Grundlagen schulischer Leistungsbeurteilungen näher einzugehen – allerdings nur insoweit, wie es für die weiteren Ausführungen hier auch notwendig ist. Da ist zum einen die inhaltliche Klärung dessen, was überhaupt der Gegenstand all unserer Beurteilungsbemühungen ist: die „Leistung". Dieser Begriff hat in den letzten Jahren eine erhebliche inhaltliche Veränderung erfahren und wurde nicht zuletzt durch die erste PISA-Studie im Jahr 2000 und die anschließende Einführung von nationalen Bildungsstandards geschärft und weiter ausdifferenziert. Zum anderen soll überblicksartig vorgestellt werden, mit Hilfe welcher diagnostischen Verfahren die Leistung der Schülerschaft beurteilt werden kann und wie sich diese Zugänge im Hinblick auf ihre jeweiligen Funktionen und Bewertungsmaßstäbe unterscheiden. Beide vorgenannten Aspekte – sowohl der Begriff der Leistung als auch die im Schulalltag vorherrschenden Beurteilungsverfahren – sind mit überzeugenden Gründen einer breiten fachlichen Kritik ausgesetzt. Auf sie soll abschließend ebenfalls eingegangen werden, verbunden mit der Hoffnung, dass die vorgebrachte Kritik auch noch einmal zur Reflexion des eigenen Lehrerhandelns anregt.

1.1 Gegenstand der Beurteilung: die „Leistung"

1.1.1 Vom modernen zum klassischen Leistungsbegriff – und wieder zurück!

Im Grunde hat *Wilhelm von Humboldt* bereits im Jahr 1809 unseren modernen schulischen Leistungsbegriff recht gut umschrieben: „Der Zweck des Schulunterrichts ist die Übung der Fähigkeiten und die Erwerbung der Kenntnisse, ohne welche wissenschaftliche Einsicht und Kunstfertigkeit unmöglich ist (...). Der junge Mensch soll in Stand gesetzt werden, den Stoff, an welchen sich alles eigene Schaffen immer anschließen muss, teils schon jetzt wirklich zu sammeln, teils künftig nach gefallen sammeln zu können, und die intellektuell-mechanischen Kräfte auszubilden. Er ist also auf doppelte Weise, einmal mit dem Lernen selbst, dann mit dem Lernen des Lernens beschäftigt. Der Schüler ist reif, wenn er so viel bei andern gelernt hat, dass er nun für sich selbst zu lernen im Stande ist."[1] Das humboldtsche, neuhumanistische Bildungsideal sprach bereits wichtige Prinzipien an, die auch den modernen Bildungs- bzw. Leistungsbegriff prägen: allseitige Bildung, Selbstständigkeit, „Lernen lernen" – und natürlich die Bedeutung des individuellen Lernprozesses für den eigentlichen Lernerfolg.

Doch bis in die Gegenwart sollte es noch ein langer Weg sein[2]: Seit dem Ende des 18. Jahrhunderts kam es aufgrund beginnender Demokratisierungsprozesse sowie der einsetzenden Industrialisierung zunächst einmal zu einer **Verengung des Leistungsbegriffs**. Die Leistung eines Menschen sollte nunmehr, da die gesellschaftliche Position nicht mehr primär über die Geburt vorherbestimmt sein sollte, das entscheidende Verteilungsprinzip für zukünftige Lebens- und Berufschancen sein. Das neuartige **Leistungsprinzip** war insoweit vor allem für das erstarkende Bürgertum ein wichtiges Signal mit emanzipatorischer Wirkung: Wer etwas leistete, konnte nun seinen Weg machen, auch wenn er nicht von adeliger Herkunft war.[3] In der Folge wurde daher in immer stärkerem Maße definiert, welche konkreten Leistungen vorliegen müssen, um bestimmte Bildungs- oder Berufswege einschlagen zu können.[4] Diese aus gesamtgesellschaftlicher Sicht zunächst einmal positive Entwicklung[5] hatte allerdings weitreichende Auswirkungen auf die Rolle der Schulen im gesellschaftlichen Kontext: Sie musste nun Aussagen darüber treffen können, über welche Leistungen die Schüler am Ende ihrer Schulzeit verfügten. Um diese Selektionsfunktion zu erreichen, reduzierte sich der schulische Bildungs- bzw. Leistungsbegriff vor allem auf „greifbares", **reproduzierbares Wissen und Können**, deren Vorliegen mit Hilfe regelmäßiger Leistungskontrollen und schulischer Abschlussprüfungen gut nachgewiesen werden konnten. In Preußen wurde beispielsweise nicht nur ein für alle Schüler gleicher, verbindlicher Fächer- und Bildungskanon eingeführt, sondern es wurden auch Jahrgangsklassen mit dem für alle gleichen Jahrespensum sowie das System der Klassenarbeiten, Zensuren und Zeugnisse eingerichtet.[6] Das Leistungsprinzip führte auf diese Weise zu einem recht engen und starren Verständnis dessen, was schulische Allgemeinbildung kennzeichnet und welche Bildungsinhalte durch die Institution Schule vermittelt werden sollen. Der klassische Leistungsbegriff ist insoweit vor allem ein **gesellschaftlicher Leistungsbegriff**, weil seine Wurzeln in erster Linie dem gesellschaftlichen Bedürfnis nach der Erteilung von Berechtigungen entspringen – *Wilhelm von Humboldt* wäre wohl nicht glücklich über diese Entwicklung gewesen!

Es waren dann verschiedene, sich zum Teil überlagernde Strömungen, die gewissermaßen wieder eine „Rolle rückwärts" einläuteten und zu unserem modernen pädagogischen Leistungsbegriff führten: Da sind zunächst einmal die Ansätze der sogenannten **Reformpädagogik** (ca. 1890 bis 1933) zu nennen, welche wieder stärker den einzelnen Mensch in den Blick nahmen und sich nachdrücklich für individuelle Lern- und Entwicklungsmöglichkeiten aussprachen. Zu deren bedeutendsten Vertretern zählen dabei gewiss *Maria Montessori, Célestin Freinet, Peter Petersen* und *Rudolf Steiner*. Sie alle folgten einer sehr ganzheitlichen Schülerperspektive, was sich insbesondere auch in einem umfänglichen Leistungs- bzw. Bildungsverständnis spiegelt.

Auch aus **bildungstheoretischer Sicht** wurde sehr stark dafür plädiert, einem erweiterten schulischen Leistungsbegriff zu folgen. Für diese Strömung steht beispielhaft *Klafki*. Er hat eindrücklich gezeigt, dass sich das schulische Leistungsverständnis nicht mit einem Verweis auf eine wie auch immer geartete „Leistungsgesellschaft" begründen lasse, auf die die Schule die jungen Menschen heute vorzubereiten habe.[7] Eine solche Gesellschaft setze für alle sozialen Milieus bzw. Schichten eine weitgehende Gleichheit im Hinblick auf die Bildungschancen voraus, die es jedoch nachweislich nicht gäbe – und mit Blick auf die aktuelle Sozialisationsforschung auch heute immer noch nicht gibt.[8] Ein pädagogisch verantwortbares Leistungsverständnis könne sich daher nur aus den Zielen der Erziehung und der Schule ableiten lassen: „Schule muss, wenn (…) Erziehungsziele nicht nur programmatisch verfochten, sondern in der Praxis der Bildungsarbeit tatsächlich realisiert werden sollen, in *dem* Sinne ‚Leistungsschule' sein, dass sie die Bewältigung der Aufgaben und Lernprozesse *ermöglicht* und *fordert* [Hervorhebungen im Original, S. R.], die zur Mündigkeit, Selbst- und Mitbestimmungsfähigkeit führen können."[9]

Während es das Verdienst *Klafkis* ist, *dass* heute ein erweiterter bzw. ganzheitlicher Leistungsbegriff für den Bereich der Schule allgemein anerkannt ist, wird weiterhin lebhaft um das *Was* bzw. um die konkrete Ausgestaltung gerungen. Im Kern geht es um die Frage, was eine auf die **Zukunft ausgerichtete Schulbildung** ausmacht. Diese Diskussion bildet eine weitere wichtige Strömung bei der Beantwortung der Frage, was eigentlich der Gegenstand schulischer Beurteilungen sein soll. Beispielhaft soll an dieser Stelle auf die klassische Forderung von *Mertens* eingegangen werden, dass Schülerinnen und Schüler vor allem **Schlüsselqualifikationen** erwerben sollten. Ausgehend von der Überlegung, dass die Berufs- und Arbeitswelt einem kontinuierlichen (technischen) Entwicklungsprozess ausgesetzt ist und die Wissenschaft nicht mehr in der Lage wäre, zuverlässig die notwendigen beruflichen Anforderungen an Schulabgänger zu prognostizieren, plädiert er für die Vermittlung übergeordneter Bildungsziele, weil sie

„den Schlüssel zur raschen und reibungslosen Erschließung von wechselndem Spezialwissen bilden."[10] Auch wenn das Konzept grundlegende ethische, solidarische sowie demokratische Zielsetzungen vernachlässigt und auch wenn nicht genauer definiert wird, mit welchen fachlichen Inhalten die Qualifikationen zu erwerben sind, so war die Diskussion um die Vermittlung von Schlüsselqualifikationen trotz aller berechtigten Kritik[11] der Anstoß für die auch heute noch aktuelle Debatte darüber, welche (über-) fachlichen Kompetenzen Kinder erwerben müssen, um am Ende ihrer Schulzeit möglichst gut auf die ungewisse Berufs- und Arbeitswelt vorbereitet zu sein. An seine Stelle ist heute ganz überwiegend der Begriff der **Handlungskompetenz** getreten, welcher stärker dem schulischen Auftrag zur Erziehung und Persönlichkeitsentwicklung gerecht wird.[12]

1.1.2 Leistung in der Schule: ergebnis- und prozessorientiert

Die soeben überblicksartig skizzierten Diskussionslinien haben einen Leistungsbegriff herausgebildet, der heute in der pädagogischen Literatur überwiegend anerkannt wird und dem grundsätzlich auch alle Bundesländer bei der Konkretisierung ihrer Bildungspläne folgen. Er wird auch als **erweiterter Lern- bzw. Leistungsbegriff**[13] bezeichnet und ist vor allem durch zwei Merkmale gekennzeichnet:

Der schulische Leistungsbegriff ist zum einen ergebnisorientiert, da es um den Erwerb von Kompetenzen geht. **Kompetenzen** definieren das Können (output, performance) eines Menschen, sie beschreiben kontextspezifische Dispositionen für konkrete Situationen und Anforderungen.[14] Oder in der mittlerweile schon klassischen Definition von *Weinert*: Kompetenzen sind „die bei Individuen verfügbaren oder von ihnen erlernbaren kognitiven Fähigkeiten und Fertigkeiten, bestimmte Probleme zu lösen, sowie die damit verbundenen motivationalen, volitionalen und sozialen Bereitschaften und Fähigkeiten, die Problemlösungen in variablen Situationen erfolgreich und verantwortungsvoll nutzen zu können."[15] Kompetenzen sind damit am Output einer Schülerin oder eines Schülers orientiert und sie beziehen sich immer auf einen spezifischen Kontext (**Domäne**).

Als übergeordnetes Ziel schulischer Bildung kann trotz aller Nuancen in der pädagogischen Literatur der Erwerb von **Handlungskompetenz**[16] bzw. **Persönlichkeitsbildung**[17] angesehen werden. Hierbei handelt es sich gewissermaßen um eine Kompetenz zweiten Grades, die sich auf ein glaubwürdiges, vertrauenswürdiges und verantwortungsvolles Handeln bezieht und personale Akzeptanz bei den Betroffenen auslöst.[18] Hier wird der Erziehungscharakter der Schule deutlich, der vor allem auch auf den Selbstaufbau von Haltungen abzielt. Um dieses Kernziel schulischer Bildung zu erreichen, muss die Schule durch geeignete Lernarrangements primäre Kompetenzen bei den Lernenden in folgenden **(Sub-)Kompetenzbereichen** (Dimensionen) anbahnen:

Übersicht 1: Kompetenzbereiche			
Handlungskompetenz (Persönlichkeitsentwicklung, Weltorientierung) als Leitziel			
fachlich-inhaltliche Kompetenzen	**überfachliche methodisch-strategische Kompetenzen**	**sozial-kommunikative Kompetenzen**	**personale Kompetenzen**
• Fachwissen besitzen • urteilen • definieren • …	• visualisieren • planen • exzerpieren • nachschlagen • …	• kooperieren • einfühlsam zuhören • argumentieren • …	• Selbstvertrauen entwickeln • ein realistisches Selbstbild entwickeln • kritikfähig sein • …

Die in den einzelnen Dimensionen auszubildenden Kompetenzen werden jeweils im Hinblick auf einen bestimmten Gegenstand (bzw. **Domäne**, Beispiel: das Unterrichtsfach Deutsch) sowie ihren Ausprägungsgrad weiter untergliedert. Diese Untergliederungen folgen einem bestimmten, jeweils fachdidaktisch begründeten **Kompetenzstufen- bzw. Kompetenzniveaumodell**. Kompetenzen sind grundsätzlich unsichtbar. Um sie nach außen zu kehren und beobachtbares Schülerverhalten zu generieren, bedarf es vielfältiger **Operatoren**. Diese spiegeln die einzelnen Niveaustufen und geben Aufschluss darüber, welchen Kompetenzgrad eine Schülerin oder ein Schüler bereits erreicht hat. Operatoren verschiedener Niveaustufen werden in **Anforderungsbereiche** (AF I bis AF III) zusammengefasst.

Zum anderen zeichnet sich der moderne schulische Leistungsbegriff aber auch dadurch aus, dass der eigentliche **Lernprozess** (immer stärker) in den Blick genommen wird. In Ergänzung zu den bereits von *Klafki* geäußerten Hinweisen spricht hierfür insbesondere der Gedanke, dass das Lernen selbst („Lernen des Lernens") sowie der reflexive Umgang damit zu einem wichtigen Gegenstand schulischer Bildung geworden ist. *Winter* unterstreicht, „dass den Schülern auf diesem Wege nahe gebracht werden kann, eine veränderte, aktive Haltung gegenüber ihren eigenen Leistungen einzunehmen und ihren Wert nicht nur in einer nachfolgenden äußeren Anerkennung zu suchen, sondern ihnen einen Eigenwert beizumessen und sie als Quelle für weiterführende Erkenntnisse über ihre Lern- und Arbeitsmöglichkeiten zu schätzen.“[19]

1.1.3 Bildungsstandards als Ansatz für ein nationales Leistungsverständnis

In einem engen Zusammenhang zu den soeben vorgestellten Kompetenzen stehen die nationalen Bildungsstandards: Nach dem bildungspolitischen Erdbeben, welches insbesondere durch die unzureichenden Schülerleistungen in der ersten PISA-Studie im Jahr 2000 ausgelöst wurde, verständigten sich die Bundesländer im Rahmen der Kultusministerkonferenz auf die Verabschiedung von **Bildungsstandards**. Bei diesen Standards handelt es sich im Grunde um nichts anderes als um die weiter oben beschriebenen Kompetenzen, die nunmehr für verschiedene Unterrichtsfächer definiert wurden und von allen Bundesländern verbindlich in den Bildungsplänen aufgenommen werden müssen: „Bildungsstandards formulieren fachliche und fachübergreifende Basisqualifikationen, die für die weitere schulische und berufliche Ausbildung von Bedeutung sind und die anschlussfähiges Lernen ermöglichen. (…) Standards basieren auf fachspezifisch definierten Kompetenzmodellen, die aus der Erfahrung der Schulpraxis heraus entwickelt wurden. Sie beziehen international anerkannte Standardmodelle – u. a. theoretische Grundlagen der PISA-Studie und den Gemeinsamen europäischen Referenzrahmen für Sprachen – ein.“[20]

Die Bildungsstandards sind als **Regelstandards** definiert, d. h., sie beschreiben die fachbezogenen Kompetenzen einschließlich zugrunde liegender Wissensbestände, die Kinder und Jugendliche bis zu einem bestimmten Zeitpunkt ihres Bildungsganges erreicht haben sollen. Bildungsstandards bilden einen wichtigen Ansatzpunkt, um den schulischen **Leistungsbegriff auf nationaler Ebene** allmählich anzugleichen. Als wichtiges Steuerungsinstrument dienen sie der Qualitätssicherung schulischer Bildung, der Vergleichbarkeit schulischer Abschlüsse sowie der Durchlässigkeit des Bildungssystems.

1.2 Formen schulischer Leistungsbeurteilungen

Um die Leistungen zu erfassen und zu beurteilen, stehen den Lehrkräften im Unterrichtsalltag verschiedene Verfahren zur Verfügung. Sie alle sind **Teilbereiche der pädagogischen Diagnostik**. In der bekannten Definition von *Klauer* handelt es sich dabei um das „Insgesamt von Erkenntnisbemühungen im Dienste aktueller pädagogischer Entscheidungen“[21], oder etwas genauer ausgedrückt: „Pädagogische Diagnostik meint das systematische

Sammeln von Informationen mittels vornehmlich sozialwissenschaftlicher, wenngleich unstandardisierter Instrumente sowie deren Analyse und Integration, um professionelles pädagogisches Handeln vorzubereiten und zu unterstützen. Im schulischen Kontext sind neben pädagogischen Entscheidungen im Sinne von Modifikation oder Zuweisung/Selektion auch die Informierung und Berichtlegung sowie die Vergabe von Qualifikationen als professionelle Handlungsweisen zu fassen."[22]

1.2.1 Lernergebnisbilanzierende Verfahren

Die im Unterricht vorherrschende Beurteilungsform stellen die lernergebnisbilanzierenden bzw. **summativen Leistungsbeurteilungen** (auch: summative assessment) dar. Hierzu zählen nicht nur Klassenarbeiten, Klausuren und sonstige schriftliche Leistungskontrollen, sondern beispielsweise auch strukturierte mündliche Leistungsüberprüfungen, Projektarbeiten, Referate oder förmliche Prüfungen (Beispiel: Zentrale Abschlussprüfungen am Ende der Sekundarstufe I, Prüfungen zur Allgemeinen Hochschulreife). Wie die Bezeichnung bereits andeutet, geht es hier primär darum, einen bestimmten Bildungsabschnitt (i. d. R. eine Unterrichtseinheit) zu bilanzieren und zu überprüfen, welche Kompetenzen bzw. Kompetenzstufen die Schülerinnen und Schüler erreicht haben.

Da sich die summativen Leistungsbeurteilungen an dem Erreichen von Kompetenzen und Bildungsstandards orientieren, liegt ihnen für den Vorgang der Bewertung eine **kriteriale Bezugsnorm** zugrunde. Bezugsnormen stellen den Maßstab dar, an welchem sich die Bewertung einer erbrachten Leistung orientiert und der darüber entscheidet, ob eine Leistung eher gut oder eher schlecht ist.

Zu den **Akteuren**, die diese Form der Leistungsbeurteilung initiieren, zählen zweifelsohne die Lehrkräfte. In jüngster Zeit sind aber noch weitere wichtige hinzubekommen: Aufgrund der „Gesamtstrategie der Kultusministerkonferenz zum Bildungsmonitoring"[23], welche mit Hilfe wissenschaftlich abgesicherter Verfahren das Erreichen von Bildungsstandards in den Bundesländern überprüfen will, gibt es einerseits **nationale Vergleichsarbeiten** wie beispielsweise VERA-3 für die Grundschulen oder VERA-8 für die weiterführenden Schulen. VERA sind schriftliche Tests, die in fast allen Bundesländern der Bundesrepublik Deutschland verpflichtend durchgeführt werden, wobei sie teilweise auch als „Lernstandserhebungen" (Beispiel: Hessen), als „KERMIT – Kompetenzen ermitteln" (Hamburg) oder als „Kompetenztests" (Sachsen, Thüringen) bezeichnet werden. Verantwortlich für die Durchführung der nationalen Vergleichsarbeiten ist das

Institut zur Qualitätsentwicklung im Bildungswesen (IQB) in Berlin. Andererseits nehmen Schulen regelmäßig auch an **internationalen Schulleistungsstudien** teil. Zu der bekanntesten zählt wohl das von der OECD verantwortete Programm PISA (Programme for International Student Assessment), welches im dreijährigen Rhythmus die Basiskompetenzen der 15-jährigen Jungen und Mädchen in den Domänen Lesen, Mathematik und Naturwissenschaften untersucht. Weitere wichtige internationale Schulleistungsstudien sind PIRLS (Progress in International Reading Literacy Study) bzw. die Internationale Grundschul-Leseuntersuchung (IGLU, fünfjähriger Rhythmus) und TIMSS (Trends in International Mathematics and Science Study, vierjähriger Rhythmus), die sich beide an die Grundschulen richten und von der IEA (International Association for the Evaluation of Educational Achievement) ausgerichtet werden.

1.2.2 Lernprozessbegleitende Leistungsrückmeldungen

Um den Lernprozess der Kinder und Jugendlichen in den Blick zu nehmen, sind andere Formen der pädagogischen Diagnostik gefragt. Diese werden als lernprozessbegleitende, lerndienliche oder **formative Leistungsbeurteilungen** (formative assessment) bezeichnet. Bei ihnen steht nicht das Bilanzierende im Vordergrund, sondern es geht vor allem darum, dem lernenden Kind im Sinne einer bestmöglichen, begabungsorientierten Förderung individuelle Hinweise für seinen weiteren Lernprozess zu geben. Die Lehrkraft nimmt hier die vielfach geforderte Rolle der Lernbegleitung ein, die Informationen über die Diskrepanz zwischen den Lernzielen und dem aktuellen Lernstand sammelt und durch gezieltes Feedback dem Lernenden selbst hilft, den weiteren Lernprozess zu gestalten. Aus diagnostischer Perspektive ist die Lehrkraft aufgefordert, im Falle einer festgestellten Diskrepanz eine **Modifikationsentscheidung** zu treffen: Um das Erreichen der Lernziele sicherzustellen, kann sie entweder die Rahmenbedingungen des Lernens verändern (d. h. die jeweilige Lernumgebung an die Potenziale der Schülerschaft anpassen, sogenannte Bedingungsmodifikation) oder aber durch Formen der Rückmeldung auf das Lernverhalten einwirken (sogenannte Verhaltensmodifikation).[24] Da es bei diesen Prozessen weniger um eine Beurteilung schulischer Leistungen im eigentlichen Sinne geht, sondern mehr um eine passende Unterstützung bei der Erreichung der „Sollvorgaben", werden die verschiedenen diagnostischen Verfahren hier als lernprozessbegleitende Leistungsrückmeldungen bezeichnet.

Formative Leistungsbeurteilungen folgen einer **individuellen Bezugsnorm**, denn durch die Lehrkraft wird der individuelle Lernfortschritt eines

Kindes beurteilt. Die verschiedenen zu erreichenden Kompetenzen bzw. Bildungsstandards werden zwar auch in den Blick genommen, allerdings nur insoweit, wie es für den Weg dorthin relevant ist.

Gewiss kommt der Lehrkraft bei dieser Form der Leistungsbeurteilung bzw. -rückmeldung eine wichtige Rolle zu. Wenn es aber darum gehen soll, das Lernen für die Schülerinnen und Schüler sichtbar zu machen und sie für ihren weiteren Lernweg zu sensibilisieren, dann müssen sie auch als weitere **Akteure** selbst in den Fokus rücken und eine aktive Partnerschaft im diagnostischen Verfahren einnehmen (z. B. durch strukturierte Unterrichtsgespräche über die Qualität ihrer Arbeit oder durch Lernentwicklungsgespräche).

1.2.3 Prognostische Leistungseinschätzungen

Die letzte Gruppe von Leistungsbeurteilungen bezieht sich auf Aussagen der Lehrkräfte, die diese mit Blick auf den zukünftigen Bildungsweg eines Kindes oder Jugendlichen treffen müssen. Ausgehend von einem (möglichst zutreffend diagnostizierten) Kompetenzstand sind sie gehalten, die zukünftige Leistungsentwicklung einzuschätzen und zu prognostizieren, ob jemand beispielsweise am Ende der Grundschule in einen gymnasialen Bildungsgang übertreten (sogenannte **Bildungsgangempfehlung**) oder in die nächsthöhere Jahrgangsstufe vorrücken kann und damit **versetzt** wird.

Die Aufgabe, die den Lehrkräften hier zukommt, ist mit der einer Richterin vergleichbar, die beispielsweise mit Hilfe einer Sozialprognose einschätzen muss, ob die beabsichtigte Strafe als Freiheitsstrafe ausgesprochen werden muss oder ob diese zur Bewährung ausgesetzt werden kann (was übrigens nur im Falle einer günstigen Sozialprognose gem. § 56 StGB der Fall wäre, d. h., wenn zu erwarten ist, dass der Verurteilte sich schon die Verurteilung zur Warnung dienen lassen und künftig auch ohne die Einwirkung des Strafvollzugs keine Straftaten mehr begehen wird). Aus diagnostischer Sicht wird bei prognostischen Einschätzungen immer unterstellt, dass aus einem früheren Verhalten auch auf ein zukünftiges geschlossen werden kann, weil die Entwicklungsverläufe verhältnismäßig stabil sind. Sowohl eine Lehrkraft als auch eine Richterin müssen damit über fundiertes Wissen zum status quo verfügen, wenn sie Aussagen für die Zukunft treffen wollen. Aus der Sicht der Lehrenden sind das Kenntnisse zum bisherigen Kompetenzerwerb und zum Lernverlauf des Schülers. Eine Richterin müsste demgegenüber eher „die Persönlichkeit des Verurteilten, sein Vorleben, die Umstände seiner Tat, sein Verhalten nach der Tat, seine Lebensverhältnisse und die Wirkungen (…) berücksichtigen, die von der Aussetzung für ihn zu erwarten sind.“ (§ 56 Absatz 1 Satz 2 StGB). In beiden Fällen sind sogenannte **Zuweisungsentscheidungen** (auch: Bedingungsselektion) zu treffen.[25]

In beiden Fällen sind für das Ergebnis der Prognose mindestens zwei **Bezugsnormen** relevant, nämlich die individuelle und die kriteriale (Bildungsstandards der weiteren Bildungsgänge bzw. gesellschaftliche Regeln und Normen). Doch gerade bei schulischen Prognoseentscheidungen ist häufig auch noch eine dritte, soziale Bezugsnorm von Bedeutung, wenn auf die Schülerleistungen im Verhältnis zu einer Lerngruppe abgestellt wird: So heißt es beispielsweise im Land Bremen für Versetzungsentscheidungen am Ende der Einführungsphase der Gymnasialen Oberstufe: „Auf Nichtversetzung kann nur entschieden werden, *wenn die Lernfortschritte des Schülers oder der Schülerin nicht den Anforderungen an seine oder ihre Klasse oder Lerngruppe entsprechen* [Hervorhebung durch den Verfasser] und zu erwarten ist, dass ein weiterer Verbleib in der Klasse oder Lerngruppe die Entwicklung der Schülerin oder des Schülers beeinträchtigt.“[26]

Dass in der schulischen Praxis insbesondere die diagnostischen Bildungsgangempfehlungen am Ende der Grundschule sehr fehlerbehaftet sind und zu einer erheblichen sozialen Bildungsungerechtigkeit in Deutschland beitragen, soll an dieser Stelle nicht weiter thematisiert werden.[27]

1.3 Schlaglichter wiederkehrender Kritik an Leistungsbeurteilungen

Schulische Leistungsbeurteilungen sind bereits seit vielen Jahren einer breiten – und an vielen Stellen auch überzeugenden – Kritik ausgesetzt. Im Folgenden soll auf einige der vorgetragenen Aspekte näher eingegangen werden:

1.3.1 Kritik an Kompetenzorientierung und Bildungsstandards

Ein erster wichtiger Kritikpunkt bezieht sich auf den schulischen **Leistungsbegriff** mit seiner aktuell sehr starken Ausrichtung auf (Schlüssel-) Kompetenzen. Es wird beispielsweise von *Helmke* die Sorge geäußert, dass die Vermittlung fachlichen Wissens deutlich zu kurz komme: „Die wichtigste Voraussetzung für kumulative und anspruchsvolle Lernprozesse sind gerade nicht formale Schlüsselqualifikationen, sondern ist eine *solide und gut organisierte Wissensbasis* (Hervorhebungen im Original, d. Verf.).[28] Es geht mithin bei dieser Kritik um eine drohende Vernachlässigung der Fachlichkeit in den einzelnen Fächern, um ein zunehmendes „Können ohne Wissen“.[29] Kompetenzorientierung sei zwar wichtig, aber mindestens genauso wichtig sei das Erlernen von „intelligentem Wissen", welches Fakten, Konzepte, Theorien und Methoden gleichermaßen umfasse.

Ein weiterer wichtiger Kritikpunkt bezieht sich auf die von der KMK entwickelten **Bildungsstandards**. Diese seien nach *Böttcher* einerseits viel zu vage und unverbindlich geraten, um einen wichtigen Beitrag zu einer modernen Grundbildung leisten zu können: „Die Vagheit der Kompetenzbeschreibungen lassen beliebige inhaltliche Ausfüllungen zu. Letztlich bleibt den Lehrer_innen – ggf. ihren Schulen – überlassen zu interpretieren, was mit Kompetenzbeschreibungen intendiert ist. Bildungsstandards sind nicht (wenigstens einigermaßen) ‚standardisiert'. Sie lassen sich nicht systematisch in unterrichtliches Handeln – praktische Didaktik – übersetzen."[30] Andererseits wird richtigerweise bemängelt, dass die Standards lediglich als „Regelstandards" und nicht als „Mindeststandards" angelegt seien, denn nur durch eine Konzentration auf Mindeststandards könne erreicht werden, dass gerade die Leistungsschwächeren nicht zurückgelassen werden: „Kinder aus bildungsfernen Schichten haben ausschließlich in der Schule Gelegenheit, den gesellschaftlichen Kernbestand an Wissen zu erwerben, der nötig für eine kritisch-kompetente Teilnahme am gesellschaftlichen Leben ist und ihnen die Chance gibt, ihrem sozialen Schicksal zu entkommen."[31] Nur durch die Formulierung „starker" Mindeststandards könne erreicht werden, dass alle Kinder – unabhängig von ihrer sozialen Herkunft – mit dem gleichen anspruchsvollen Curriculum konfrontiert werden, was einen wichtigen Beitrag zum Abbau von Bildungsungerechtigkeit darstelle.

1.3.2 Kritik an der Praxis summativer Leistungsüberprüfungen

Ganz gleich, mit Hilfe welcher Kompetenzbereiche bzw. welcher Einzelkompetenzen man im Ergebnis den schulischen Leistungsbegriff definiert: Lehrkräfte müssen sich den Vorwurf gefallen lassen, dass sie vor allem **fachlich-inhaltliche Kompetenzen** gezielt beurteilen und kaum den Blick auf beispielsweise methodisch-strategische oder sozial-kommunikative Kompetenzen richten. Etwas überspitzt dargestellt sieht der Beurteilungsalltag an vielen Schulen wie folgt aus: Um zu einer (Halb-)Jahresnote zu kommen, lässt die Fachlehrkraft die vorgesehene Anzahl an Leistungskontrollen (Klassenarbeiten oder Klausuren) in einer Lerngruppe schreiben. Diese schließen im günstigsten Fall eine bestimmte Unterrichtseinheit ab und die zu bearbeitenden Aufgaben beziehen sich auf die im Rahmen der Unterrichtsstunden thematisierten Inhalte. Die Ergebnisse dieser Leistungskontrollen bilden dann bis zu 50 Prozent der Endnote, der restliche Teil wird sehr häufig unter dem Oberbegriff „sonstige Mitarbeit" zusammengefasst – was immer das genau sein soll. Aus der Perspektive der Lehrkräfte ist dies ohne weiteres nachvollziehbar, da es praktikabel ist. Mit Blick auf den ganzheitlichen Leistungsbegriff allerdings wäre es zwingend erforderlich, dass auch die anderen Kompetenzbereiche viel stärker in strukturierter Weise und mit eigenen Beurteilungsformaten Teil der Leistungsbeurteilung werden!

Doch damit nicht genug: Die von den Lehrkräften für ihre Leistungsbeurteilungen vornehmlich herangezogenen Leistungskontrollen sind häufig nur begrenzt geeignet, sichere Aussagen zum individuellen Kompetenzstand ihrer Schülerinnen und Schüler zu treffen. Angesprochen ist damit die **(unzureichende) pädagogische Kompetenz bzw. das Professionswissens** der Lehrkräfte im Hinblick auf die Gestaltung und Beurteilung von Leistungskontrollen – nach *Ingenkamp* und *Lissmann* eine der beiden Kernaufgaben der pädagogischen Diagnostik.[32] Problematisch ist zum einen, dass sich Lehrkräfte sehr häufig nicht an den drei Gütekriterien für „gute" diagnostische Urteile (Objektivität, Reliabilität und Validität) orientieren, wenn sie (schriftliche oder mündliche) Leistungsbeurteilungen durchführen. Zwar ist keineswegs zu fordern, dass diese drei aus der psychologischen Testtheorie stammenden Merkmale in vollem Umfang auf schulische Leistungsbeurteilungen übertragen werden müssen, allerdings konnte die Forschung beispielsweise wiederholt darauf aufmerksam machen, dass Lehrkräfte immer wieder ungeeignete Aufgaben stellen und bei der Beurteilung der erbrachten Schülerleistung zu verzerrenden Urteilstendenzen neigen.[33] Dazu zählt neben dem sogenannten Halo-Effekt (aufgrund eines bestimmten Schülermerkmals wie dem Aussehen oder der Herkunft werden in unzulässiger Weise Rückschlüsse auf allgemeine Persönlichkeitsmerkmale gezogen) beispielsweise auch die Urteilstendenz, identische Leistungen von Mädchen besser zu bewerten als die von Jungen.[34]

Zum anderen neigen Lehrkräfte aber auch dazu, durchgeführte Leistungsüberprüfen **nicht weiter kritisch zu hinterfragen**. Schlechte Ergebnisse in Klassenarbeiten oder Klausuren werden ohne weiteres den jeweiligen Kindern oder Jugendlichen zugeschrieben und es wird nicht reflektiert, ob diese möglicherweise das Ergebnis einer unzureichend konzipierten Leistungskontrolle (oder gar eines wenig lernwirksamen Unterrichts) gewesen sein könnten.[35]

1.3.3 Kritik am Stellenwert formativer Leistungsrückmeldungen

Auch wenn bereits seit vielen Jahren gefordert wird, den Prozess des **individuellen Lernvorgangs** stärker in den Blick zunehmen, so ist es wohl vor allem *Bohl, Jürgens, Sacher* und *Winter*[36] zu verdanken, dass diese Form der pädagogischen Diagnostik tatsächlich an Bedeutung gewinnt. Während im Bereich der Sonderpädagogik die Förderung individueller Lernprozesse gewissermaßen das Herzstück des Unterrichtens darstellt, führt sie in Regelklassen – insbesondere der weiterführenden Schulen – sehr häufig wohl eher noch eine Art **Schattendasein**. Dabei lässt sich die Notwendigkeit lernprozessorientierter Rückmeldungen ohne weiteres pädagogisch begründen, wichtige Stichworte sind hier die Stärkung des eigenverantwortlichen Lernens und die empirisch nachgewiesenen Effekte von individuellen Rückmeldungen für den Lernerfolg der Schülerinnen und Schüler.[37] Es mag nicht verwundern, dass hier vor allem eine juristische Begründung herangezogen wird: Gemäß Art. 26 Absatz 1 der UN-Menschenrechtscharta hat jeder das Recht auf Bildung. Nimmt man noch den Gleichheitsgrundsatz des Art. 3 Absatz 3 des Grundgesetzes (GG) hinzu, nach welchem niemand wegen seines Geschlechtes, seiner Abstammung, seiner Rasse, seiner Sprache, seiner Heimat und Herkunft, seines Glaubens, seiner religiösen oder politischen Anschauungen oder aufgrund einer Behinderung benachteiligt werden darf, so folgt daraus für jedes Kind das Recht, durch die Institution Schule eine bestmögliche individuelle Förderung entsprechend den vorhandenen Begabungen zu erhalten. Die Umsetzung dieses Rechts setzt zwingend voraus, dass sich die Lehrkräfte auch und vor allem auf die je eigenen Lernausgangslagen und den Vorgang des Lernens konzentrieren, denn nur so können sowohl leistungsschwache als auch leistungsstarke Kinder die bestmögliche Förderung erhalten.

1.3.4 Kritik an Formen der Leistungsrückmeldung

Seit vielen Jahren wird schließlich kritisiert, dass Ziffer- und Punktzensuren keine geeigneten Instrumente seien, um Leistungsbeurteilungen angemessen zu dokumentieren. Vor dem Hintergrund, dass die hierzu veröffentlichte Literatur mittlerweile kaum mehr überschaubar ist[38] und die vorgetragenen Argumente sehr vielfältig sind, sollen hier zwei Hinweise genügen:

Die Kritik bezieht sich zum einen auf die **Zeugnisnoten**: Wenn dem schulischen Leistungsbegriff umfangreiche Kompetenzen in den einzelnen Fächern sowie auch fächerübergreifende Kompetenzen zugrunde liegen, dann könne es nicht ausreichen, in den Zeugnissen eine einfache Ziffer- bzw. Punktnote auszuweisen. Dadurch werde nur eine allgemeine Information über die Gesamtleistung gegeben, nicht aber über das individuelle Leistungsprofil, sprich über die besonderen Stärken und Schwächen eines Schülers in den verschiedenen Kompetenzbereichen. Was inhaltlich im Einzelnen geleistet wurde, sei ohne zusätzliche Erläuterungen für Außenstehende – und zum Teil auch für den Schüler selbst – nicht erkennbar. Dieses wiege umso schwerer, je stärker Zeugnisse über ihre Berechtigungsfunktion etwas über die Eignung eines Kindes oder Jugendlichen für einen aufbauenden Bildungsgang, einen zukünftigen Beruf oder ein Hochschulstudium aussagen sollen. In den einzelnen Bundesländern besteht zwar zunehmend die Möglichkeit, dass verbale Lernentwicklungsberichte in den weiterführenden Schulen neben oder anstelle von Ziffern- bzw. Punktzeugnissen treten, allerdings führen diese nicht automatisch auch zu einer besseren Leistungsdokumentation: Eine „Änderung der Mitteilungsform bedeutet für die Güte des diagnostischen Prozesses überhaupt nichts."[39]

Zum anderen werden der Sinn und der Zweck von **Noten für Einzelleistungen** in Frage gestellt. Es wird unter anderem darauf verwiesen, dass die Messqualität von Noten nur wenig objektiv sei (dieselbe Schülerleistung wird von unterschiedlichen Lehrkräften unterschiedlich benotet), dass die Einzelnoten in ihrer pauschalisierten Form keine sinnvolle Rückmeldung über eine erbrachte Leistung geben können, dass sie einer effektiven Lehr- und Lerndiagnose wenig dienlich seien oder dass Noten im Machtgefüge der Schule nicht selten über ein pädagogisch zulässiges Maß hinaus zur Disziplinierung und Sanktionierung von Schülerinnen und Schülern genutzt werden. „Vielen Lehrern", so *Winter*, „dürfte es heute noch schwer vorstellbar sein, ohne die Macht zu arbeiten, die ihnen durch die Noten und ihr Bewertungsmonopol zuwächst."[40] Dieser Einschätzung fällt es schwer zu widersprechen.

2 Rechtliche Anforderungen an summative Beurteilungsverfahren

2.1 Phasen summativer Leistungsüberprüfungen – ein Überblick

Nach diesem ersten pädagogischen Blick auf das Thema soll nun die rechtliche Seite schulischer Leistungsbeurteilungen in den Vordergrund rücken. Wie bereits oben dargestellt wird der Fokus bei den lernergebnisbilanzierenden (summativen) Leistungsbeurteilungen liegen, da vor allem diese wiederholt Gegenstand von Gerichtsentscheidungen sind und gerade sie die meisten rechtlichen Probleme aufwerfen.

Für die weitere Darstellung erscheint es zweckmäßig, sich an den typischen Phasen von schulischen Leistungsüberprüfungen zu orientieren und die Rechtsfragen dort zu verorten, wo sie in der Praxis konkret auftreten. Für unsere Zwecke lassen sich diese Phasen – ob für schriftliche oder mündliche Leistungsüberprüfungen im regulären Unterrichtsalltag oder im Rahmen von formalen (Abschluss-)Prüfungen – wie in Übersicht 2 auf der nächsten Seite dargestellt vereinfacht beschreiben.

Bei **formalen (Abschluss-)Prüfungen** (z. B.: Zentrale Abschlussprüfungen am Ende der Sekundarstufe I, Prüfungen zum Erwerb der Allgemeinen Hochschulreife) tauchen besondere Fragen auf, die sich nicht ohne weiteres in das obige Schema einsortieren lassen. Dazu zählen Rechtsfragen rund um die Zulassung zur Prüfung, zu den Anforderungen an die Qualifikation der Prüfenden oder zu Protokollen in mündlichen Prüfungen respektive Gutachten in schriftlichen Prüfungen. Auf sie wird in einem eigenen Abschnitt daher separat eingegangen.

Ein wichtiger Aspekt soll und muss bereits an dieser Stelle ausdrücklich hervorgehoben werden: **Nicht jeder Fehler, der im Rahmen einer Leistungsbeurteilung erfolgt, führt automatisch zu ihrer Rechtswidrigkeit.** Einen solchen Automatismus gibt es schlicht nicht! So muss bei manchen aufgetretenen Fehlern geprüft werden, ob sie von dem Prüfling rechtzeitig gerügt wurden. Ein Prüfling kann sich beispielsweise nicht erst im Nachhinein darauf berufen, dass er während einer Klausur durch Lärm gestört wurde – dieses muss er der Aufsichtsperson im Regelfall bereits während der Schreibphase anzeigen und ihr so die Möglichkeit geben, darauf zu reagieren. Ebenfalls gibt es Fehler, die für das Ergebnis der Leistungsbeurteilung irrelevant sind, weil sie sich nämlich nicht darauf ausgewirkt haben (Beispiel: ein offensichtlicher Schreibfehler in der Aufgabenstellung). In beiden soeben dargestellten Fällen wäre eine Leistungsbeurteilung trotz ihrer Mängel nicht rechtswidrig. Dieses werden wir aber an anderer Stelle noch vertiefen.

Übersicht 2: Typische Phasen von Leistungsbeurteilungen
Phase der Konzeption
In dieser ersten Phase geht es vor allem darum, dass sich die Lehrkraft bzw. die Prüfenden Gedanken über die Art der Leistungsüberprüfung machen und davon ausgehend eine funktionale Aufgabenstellung formulieren, um bestimmte Kompetenzen möglichst gut zu diagnostizieren.
Phase der Leistungserbringung
Anschließend wird die in Frage stehende Leistung ermittelt, d. h., die Schülerin oder der Schüler bearbeitet die formulierte Aufgabe beispielsweise im Rahmen einer Klassenarbeit oder Klausur oder es findet eine mündliche Prüfung statt. Rechtsfragen treten in dieser Phase vor allem dann auf, wenn sich der Prüfling durch die äußeren Rahmenbedingungen (Beispiel: Lärm) gestört fühlt, vor oder während einer Leistungskontrolle erkrankt oder wenn sich die Lehrkräfte bzw. Prüfenden nicht angemessen verhalten.
Phase der Leistungsbewertung
Nachdem die Leistung erhoben wurde, ist es die Aufgabe der Lehrkraft bzw. der Prüfenden, die Leistung auf ihre Qualität hin zu beurteilen. Es geht dabei zum einen um die inhaltliche Bewertung von Fachfragen (tatsachenspezifische Wertungen), zum anderen aber auch um die Bewertung von eher „weichen" Qualitätskriterien (prüferspezifische Wertungen, Beispiel: Aufbau der Arbeit, Überzeugungskraft vorgebrachter Argumente).
Phase der Leistungsinterpretation
In einem weiteren Schritt geht es darum, die bewertete Leistung einem bestimmten Benotungsmodell zuzuordnen. Rechtsfragen können sich hier beispielsweise dann ergeben, wenn es sich um kooperativ erbrachte Schülerleistungen (Gruppenarbeiten) handelt.
Phase der Rückmeldung
In einer letzten Phase erhält der Prüfling eine Rückmeldung darüber, mit welcher Ziffer- oder Punktnote seine erbrachte Leistung beurteilt wurde.

2.2 Phase der Konzeption

Bei der Konzeption von Leistungsüberprüfungen müssen Lehrkräfte mit Blick auf das jeweilige Beurteilungsformat und die zu erstellende Aufgabe eine Reihe wichtiger Entscheidungen treffen.[41] Auf zwei Aspekte soll hier näher eingegangen werden: die Auswahl der Prüfungsinhalte sowie die Gestaltung der Prüfungsaufgabe.

2.2.1 *„Das hatten wir vorher gar nicht im Unterricht!"* – zur Auswahl der Inhalte

PRAXIS BEISPIEL

Der 52-jährige E. meldete sich in Berlin zu einer sogenannten Nichtschülerprüfung für den Erzieherberuf an. In der schriftlichen Prüfung im Lernbereich „Sozialpädagogische Theorie und Praxis" (Lernbereich 2) wurde das Thema „Das Berliner Bildungsprogramm als Grundlage der pädagogischen Arbeit" gestellt, zu dem drei Aufgabenstellungen zu bearbeiten waren. Unter anderem sollte das Bildungsverständnis des Berliner Bildungsprogramms dargestellt und erläutert werden. Ferner sollte aus dem Berliner Bildungsprogramm ein Bildungsbereich ausgewählt, dessen Umsetzung am Beispiel einer pädagogisch-methodischen Aufgabe dargestellt und zudem erläutert werden, wie anhand des Berliner Bildungsprogramms eine Grundlage für die pädagogische Arbeit in einer Kindertageseinrichtung zu entwickeln wäre. Nach der Bekanntgabe der Themenstellung bricht E. die Prüfung ab und macht anschließend geltend, dass dieses Thema nicht Gegenstand der Ausbildung gewesen wäre (*VG Berlin*, Urt. v. 11.9.2013 – 3 K 419.12 = juris).

Nicht selten zielen Beschwerden von Eltern und ihren Kindern darauf ab, dass die Inhalte der Leistungskontrolle ungeeignet gewesen wären. Sie führen dann beispielsweise an, dass die abgefragten Kompetenzbereiche doch gar nicht im vorangegangenen Unterricht thematisiert worden wären und die gestellten Aufgaben deshalb auch nicht sinnvoll hätten bearbeitet werden können. Für die Frage nach dem zulässigen „Prüfungsstoff" – hier verstanden in einem weiten Sinne – muss danach unterschieden werden, um was für eine Art Leistungsüberprüfung es sich jeweils handelt:

Schulalltägliche Leistungskontrollen

Prüfungsstoff folgt Unterrichts- bzw. Lehrstoff – so lässt sich der Grundsatz für alltägliche Leistungskontrollen wohl am prägnantesten formulieren.[42] Bei der Auswahl des Prüfungsgegenstandes ist von den Lehrkräften also zwingend darauf zu achten, dass die Inhalte zuvor auch nachweislich im Unterricht bearbeitet wurden. Es darf von einem Prüfling nichts verlangt werden, was er im Unterricht nicht gelernt haben kann. Zur Begründung kann ohne weiteres auf die wichtige Funktion schulischer Leistungskontrollen abgestellt werden: Wenn es bei den summativen Leistungsüberprüfungen vor allem darum geht, den Lernerfolg der Schülerinnen und Schüler zu bilanzieren und zu prüfen, ob im weiteren Unterrichtsverlauf noch eventuell vorhandene Lerndefizite ausgeglichen werden müssen, dann ist es völlig selbstverständlich, dass die anzubahnenden Kompetenzen eben auch vorher Gegenstand des Unterrichts gewesen sein müssen.

Anders als bei formellen Prüfungen wird man für alltägliche Leistungskontrollen nicht verlangen müssen, dass sich der Gegenstand der Klassenarbeit o. ä. ganz überwiegend auch aus den jeweiligen Bildungsplänen bzw. schulinternen Curricula ergibt. Andernfalls wäre es beispielsweise kaum möglich, dass Lehrkräfte auf tagesaktuelle Themen und Fragen eingehen und diese zum Gegenstand der Leistungsüberprüfung machen. Wichtig ist nur, dass die Inhalte zuvor im Unterricht nachweislich behandelt wurden.

Sofern es zu Beschwerden über den ausgewählten Prüfungsstoff kommt, müssen Lehrkräfte nachweisen können, dass sie ihn zuvor im Unterricht behandelt haben. Insoweit ist es unerlässlich, die behandelten Themen- bzw. Kompetenzbereiche im **Klassenbuch** nachvollziehbar zu dokumentieren.

Abschlussprüfungen

Das soeben Gesagte gilt grundsätzlich auch für die verschiedenen schulischen Abschlussprüfungen. Da mit ihnen immer aber auch bestimmte übergeordnete Zwecke verfolgt werden – beispielsweise die Feststellung der Studierfähigkeit im Rahmen der Prüfung zur Allgemeinen Hochschulreife (Abitur) oder wie im **Praxisbeispiel** oben die Eignung für einen bestimmten Beruf –, muss der Kreis der zulässigen Prüfungsaufgaben und Prüfungsfragen weitergehen dürfen als in den alltäglichen Leistungskontrollen im Schulalltag. Das wird sofort deutlich, wenn Prüfungen auch das Hintergrund- und Allgemeinwissen der Schülerinnen und Schüler in den Blick nehmen oder wenn es um bestimmte Schlüsselqualifikationen geht, die für einen angestrebten Beruf von Bedeutung sind.

Hiervon ausgehend wird man festhalten können, dass der Prüfungsstoff jedenfalls zum größten Teil Gegenstand des Unterrichts gewesen sein muss. Ebenfalls ist erforderlich, dass sich die Prüfungsaufgaben inhaltlich weitgehend aus den Vorgaben der jeweiligen Prüfungsordnungen ableiten lassen. Die Abfrage von darüber hinausgehendem **Hintergrund- und Allgemeinwissen** ist zulässig, soweit sich die Fragen aus dem Ziel und dem Zweck der jeweiligen Prüfung ergeben. Die Grenze des zulässigen Prüfungsstoffs ist dann erreicht, wenn die Prüfungsaufgaben oder -fragen zu sehr in die inhaltliche Tiefe gehen und in keinem näheren Zusammenhang mehr zu dem eigentlichen Prüfungsstoff stehen. Das lässt sich gut am sogenannten **Mali-Fall** verdeutlichen: Zu Beginn einer mündlichen Prüfung zum zweiten juristischen Staatsexamen, in der am Beispiel eines Asylbewerbers aus Mali asylrechtliche Fragen thematisiert werden sollten, wurde der Kandidat zunächst zehn Minuten danach befragt, wo der Staat Mali überhaupt liegt, wie seine Hauptstadt heißt, welche legendäre Stadt am Hauptfluss des Landes liegt und wer in dem Land regiert. Diese Fragen führten bei dem Prüfling zu einer nachhaltigen Verunsicherung, wodurch dessen Leistungsvermögen beeinträchtigt wurde. „Mit den Mali-Fragen", so das erkennende *BVerwG*, „wurden Gegenstände aus Wissensgebieten nichtjuristischer Art als Prüfungsstoff herangezogen, die für den zu lösenden juristischen Fall allenfalls als ‚Hintergrundwissen' von Interesse waren, deren präsente Kenntnis jedoch keinerlei Schlüsse auf die beruflichen Befähigungen zulässt, die durch die zweite Staatsprüfung nachgewiesen werden sollen."[43]

In dem **Praxisbeispiel** oben hat das erkennende *VG Berlin* erklärt, dass die Grenze des zulässigen Prüfungsstoffs durch die Einbeziehung des Berliner Bildungsprogramms in die Prüfungsaufgabe noch nicht überschritten wurde: „Durch eine Prüfung, die sich auch auf diesen Prüfungsgegenstand bezieht, kann zuverlässig ermittelt werden, ob der Prüfling diese für den angestrebten Beruf wesentlichen Kenntnisse besitzt und damit auch den Anforderungen gewachsen ist, die bei einer Tätigkeit im Kindertagesstättenbereich an ihn zu stellen sind."

2.2.2 *„Ich verstehe nicht, was Sie von mir wissen wollen!" –* Anforderungen an die Aufgabenstellung

PRAXIS BEISPIEL

Schüler S. ist durch die schriftliche Biologieprüfung gefallen. Er wendet sich gegen das Ergebnis dieser Prüfung, da die Aufgabenstellung nur einen Lösungsweg suggeriert habe, obwohl nach dem Erwartungshorizont mehrere Optionen möglich gewesen wären. Insoweit sei die Aufgabenstellung in unzulässiger Weise mehrdeutig gewesen, weshalb die Prüfung mit einer neuen Aufgabe zu wiederholen sei. Für die Ungeeignetheit der Aufgabenstellung spräche auch der Umstand, dass von 27 Arbeiten 23 mit der Note „mangelhaft" beurteilt worden wären und die Klausur somit insgesamt sehr schlecht ausgefallen sei (*BVerwG*, Urt. v. 9.8.1996 – 6 C 3.95 = NVwZ-RR 98, S. 176 = juris).

Wenn im Folgenden auf die Mindestanforderungen von (Prüfungs-) Aufgaben näher eingegangen wird, so geht es dabei immer nur um die rechtliche Perspektive. Praktische Hinweise für „gute" Aufgabenstellungen, die sich aus der Testtheorie (und dort insbesondere aus den sogenannten Gütekriterien) sowie aus der pädagogischen Diagnostik ergeben, werden an anderer Stelle beispielsweise von *Sacher* fundiert beschrieben.[44]

Die Rechtsprechung gewährt grundsätzlich demjenigen, der für eine bevorstehende Leistungskontrolle eine Aufgabe zu konzipieren hat, einen gewissen „kreativen Spielraum“, der weder gerichtlich noch durch die Widerspruchsbehörde (in der Regel die Schulaufsicht) überprüfbar ist. Allerdings stößt dieser Spielraum an bestimmte Grenzen: „Dem Prüfer, der eine Prüfungsaufgabe stellt, verbleibt zwar ein gerichtlich nicht nachprüfbarer pädagogischer Spielraum bei der Auswahl der konkreten Prüfungsinhalte aus dem vorgegebenen Prüfungsstoff. Es kann nicht von den Gerichten überprüft werden, welche Prüfungsaufgabe zweckmäßigerweise zu stellen ist. Im übrigen haben aber die Gerichte, ebenso wie bei der Überprüfung der Bewertung der Prüfungsleistungen, der Frage nachzugehen, ob der Prüfling deshalb in seinem Recht auf Chancengleichheit verletzt ist, weil schon eine Prüfungsaufgabe an fachlichen Mängeln leidet.“[45]

Prüfungsaufgaben

„Ob eine Prüfungsfrage geeignet ist, das Fachwissen und die fachliche Qualifikation eines Kandidaten in rechtlich zulässiger Weise zu erfragen, beurteilt sich u. a. danach, ob sie objektiv lösbar ist, ob mit der Prüfungsaufgabe von dem Prüfling, ausgehend vom Prüfungswissen, fachlich nichts Unmögliches verlangt wird und ob sie sich auch sonst im Rahmen der Prüfungsordnungen hält. Eine Prüfungsfrage muss außerdem verständlich und in sich widerspruchsfrei sein (…). Unverständliche und in sich widersprüchliche Fragestellungen verstoßen gegen den das Prüfungsrecht beherrschenden, verfassungsrechtlich verbürgten Grundsatz der Chancengleichheit, der besagt, dass für vergleichbare Prüflinge so weit wie möglich vergleichbare Prüfungsbedingungen und Bewertungskriterien gegeben sein müssen (…). Durch derartige Fragen wird der betroffene Prüfling gegenüber anderen Prüflingen – etwa denen einer anderen Schule – benachteiligt, denen korrekte Prüfungsfragen gestellt werden.“[46]

Speziell zum Problem einer **mehrdeutigen Aufgabenstellung** erklärt das *BVerwG*: „Eine schriftliche Frage darf deshalb nicht nur eine Lösungsmöglichkeit suggerieren, wenn in Wahrheit mehrere Lösungsmöglichkeiten als zumindest vertretbar in Frage kommen. Erfahrungsgemäß sucht in solchen Fällen der Prüfling nur nach der e i n e n [Hervorhebung im Original, d. Verf.] Lösung, die sich ihm aufgrund der unklaren Fragestellung als allein richtig aufdrängt, mit der Folge, dass er möglicherweise andere, sogar richtige Lösungen verwirft und dadurch wertvolle Zeit verliert, die für die Beantwortung weiterer Prüfungsfragen benötigt. Dadurch kann ein Prüfling, der sich ohnehin in einer prüfungsbedingten Stresssituation befindet und der auch keine Rückfragemöglichkeit hat, verwirrt werden und in Panik geraten.“[47]

Für das **Praxisbeispiel** oben müsste also genau geprüft werden, ob die Aufgabenstellung tatsächlich mehrdeutig war. Es liegt dabei im Ermessen der Widerspruchsbehörde oder des Gerichts, ob für die Beantwortung dieser Frage auf eine oder einen Sachverständigen zurückgegriffen werden muss oder nicht.

Zusammenfassend lassen sich folgende **rechtlichen Mindestanforderungen** an die Eignung von Prüfungsaufgaben stellen:

Übersicht 3: Rechtliche Mindestanforderungen an geeignete Prüfungsaufgaben

- Der Prüfungsstoff muss der jeweiligen Prüfungsordnung entstammen.
- Der Prüfungsstoff muss zuvor im Unterricht behandelt worden sein („Prüfungsstoff folgt Unterrichtsstoff").
- Die Aufgabe darf von dem Prüfling nichts Unmögliches verlangen.
- Die gestellte Aufgabe muss objektiv lösbar sein.
- Die Formulierung muss verständlich, widerspruchsfrei und nicht mehrdeutig sein (es darf insbesondere nicht nur ein Lösungsweg suggeriert werden, wenn nach dem Erwartungshorizont tatsächlich mehrere zur Verfügung stehen).
- Für Abiturprüfungen: Beachtung der Vorgaben der Einheitlichen Prüfungsanforderungen in der Abiturprüfung (EPA).

Fraglich ist, inwieweit aus dem **schlechten Gesamtergebnis** einer Prüfung auf die Ungeeignetheit der Prüfungsaufgabe geschlossen werden kann. Der Umstand allein, dass bei einer Prüfungsaufgabe die Misserfolgsquote der betroffenen Prüflinge signifikant höher liegt als bei anderen Prüfungsaufgaben oder im Vergleich mit anderen Prüflingen, stellt für sich allein zunächst einmal kein hinreichend aussagekräftiges Indiz dafür dar, dass die Prüfungsaufgabe ungeeignet war. Etwas anderes gilt aber für den Fall, in denen – wie in dem **Praxisbeispiel** – die Misserfolgsquote außergewöhnlich hoch ist und extrem aus dem normalen Rahmen fällt. Dann muss den möglichen Ursachen konkret nachgegangen werden, wenn sich ein Prüfling darauf beruft.[48]

Hat ein Prüfling von dem Inhalt einer Prüfungsaufgabe bereits im **Vorfeld konkrete Kenntnis** erlangt, macht das die Aufgabe ohne weiteres ungeeignet. In diesem Fall ist nicht nur der Grundsatz der Chancengleichheit verletzt, sondern es können auch nicht die prüfungsrelevanten Kenntnisse und Fähigkeiten des Prüflings ermittelt werden. In diesem Fall muss die Prüfung mit einer neuen Aufgabenstellung wiederholt werden.[49]

Anders ist es hingegen, wenn ein Prüfling das **Glück** hat, genau auf denjenigen Prüfungsstoff zu treffen, auf den er sich zuvor besonders intensiv vorbereitet hat. In diesem Fall ist der Grundsatz der Chancengleichheit nicht verletzt.[50]

Alltägliche Leistungskontrollen
Auf Leistungsüberprüfungen im normalen Schulalltag wird man die obigen Anforderungen ohne weiteres übertragen können. Insbesondere gilt auch für sie der Grundsatz, dass nur solche Themen zum Gegenstand der Leistungskontrolle gemacht werden dürfen, die zuvor auch im Unterricht behandelt wurden.[51]

2.2.3 Mängel in der Aufgabenstellung

PRAXIS BEISPIEL

Schüler L. nimmt an einer schriftlichen Nachprüfung im Fach Englisch teil, um doch noch auf dem Gymnasium verbleiben zu dürfen. Der Aufgabentext umfasst insgesamt acht Aufgaben (I bis VIII), wobei in Aufgabe I der Aufgabentext wie folgt lautet: „*Use the persent perfect or the present perfect progressive to complete the sentences. Watch out for signal words.*" Die Englischlehrerin bewertete die von L. erbrachten Leistungen mit „nicht bestanden", was zu der Nichtversetzung führte. Die Eltern von L. machen geltend, dass die Prüfungsaufgabe aufgrund eines Tippfehlers (*Use the* ***persent*** *perfect*) nicht eindeutig gewesen wäre und die Prüfung deshalb zu wiederholen sei (*VG Berlin*, Beschl. v. 2.10.2015 – 3 L 431.15 = juris).

Fehler im Rahmen der Aufgabenstellung – sei es bei der Auswahl des Prüfungsstoffs als auch bei der Konzeption der konkreten Aufgabe – sind wie alle Mängel im Prüfungsrecht nur dann beachtlich, wenn ein Einfluss auf das Ergebnis der Leistungsüberprüfung nicht auszuschließen ist. Anders ausgedrückt: Die Mängel müssen für das Ergebnis **erheblich** sein.

An einer solchen Erheblichkeit fehlt es aber beispielsweise bei **offenkundigen Tippfehlern**, da man bei einer verständigen Würdigung davon ausgehen muss, dass das Gesamtergebnis der Leistungsüberprüfung nicht darauf beruhen kann. Zwar ist bei Tippfehlern nicht grundsätzlich von ihrer Unbeachtlichkeit auszugehen, denn gerade jüngere Schülerinnen und Schüler verfügen nach ihrem Entwicklungsstand häufig noch über geringere Transferfähigkeiten als ältere und sind bei Leistungsüberprüfungen daher leichter durch falsch geschriebene Wörter zu verunsichern. Nach dem *VG Berlin* sei das jedoch in dem **Praxisbeispiel** nicht der Fall gewesen: „Der Fehler in der Prüfungsaufgabe I nimmt der Aufgabe jedoch nicht ihre Eindeutigkeit. Von einem durchschnittlichen Schüler der Jahrgangsstufe 7 kann und muss nach fünf Jahren Englischunterricht in einer Prüfungssituation erwartet werden, dass er den Tippfehler und die gemeinte Zeitform ‚present perfect' ohne weiteres, jedenfalls aber nach kurzem Nachdenken, erkennt. Für eine Eindeutigkeit der Aufgabenstellung spricht insbesondere, dass der Ausdruck ‚present perfect' durch das Vertauschen der beiden Buchstaben in ‚persent perfect' nicht so verändert wird, dass das Wort ‚present' nicht mehr erkennbar ist. Aus der fehlerhaften Schreibweise ‚persent perfect' entsteht zudem kein Begriff, der irgendeiner anderen Zeitform ähnelt, sodass hier keine Verwechslung möglich ist. (…) Hier konnte keine andere Zeitform, sondern nur die im Schulunterricht zuvor behandelte Zeitform ‚present perfect' gemeint sein."

2.3 Phase der Leistungserbringung

2.3.1 Beachtung von Verfahrensvorschriften

PRAXIS BEISPIEL

> Im Leistungskurs Deutsch werden an diesem Tag die Abiturprüfungen geschrieben. Lehrer L., der die letzte Klausuraufsicht hat, sammelt die Klausuren nach 210 Minuten ein, da er irrtümlich davon ausgeht, dass es sich um einen Grundkurs handelt. Nach der einschlägigen Abiturverordnung hätten die Prüflinge im Leistungskurs jedoch 270 Minuten Arbeitszeit zur Verfügung haben müssen.

Wenn und soweit das Verfahren der Leistungserbringung durch Rechtsvorschriften näher konkretisiert wird, sind Lehrkräfte und Prüfende selbstverständlich gehalten, diese Regelungen auch zu befolgen. Bereits an dieser Stelle sei darauf hingewiesen, dass nicht jeder Verstoß gegen eine Verfahrensvorschrift automatisch eine rechtswidrige Leistungsüberprüfung zur Folge hat. Verfahrensfehler sind vielmehr nur relevant, wenn der Fehler auch kausal bzw. ursächlich für das Ergebnis der Leistungsüberprüfung ist. Lässt sich zuverlässig verneinen, dass der Fehler keinen Einfluss auf das Ergebnis hat (der Prüfling hätte auch ohne den Verfahrensfehler kein besseres Ergebnis erzielt), dann ist ein Verfahrensfehler grundsätzlich unbeachtlich.

Alltägliche Leistungskontrollen
Für alltägliche Leistungskontrollen finden sich in den Ordnungsmitteln der einzelnen Bundesländer zumeist kaum spezielle Regelungen, die sich auf die konkrete Durchführung erstrecken. Ausnahmen bestehen hin und wieder für verpflichtende Projekt- oder Profilarbeiten, die sich aus mehreren Teilen zusammensetzen und für die dann beispielsweise genauere Vorgaben für die Dauer von Kolloquien o. ä. bestehen.

Prüfungen
Anders sieht es gewiss für die verschiedenen (Abschluss-)Prüfungen aus: Um dem prüfungsrechtlichen Grundsatz der Chancengleichheit möglichst gut zu genügen, ist die Phase der Leistungserbringung in den Prüfungsordnungen sehr viel stärker formalisiert als bei schulalltäglichen Leistungs-

überprüfungen. So werden in den einschlägigen Rechtsvorschriften beispielsweise nicht nur Vorgaben zu der zur Verfügung stehenden Arbeitszeit gemacht, sondern es finden sich auch Regelungen, in welcher zeitlichen Abfolge und mit welchen Hilfsmitteln bestimmte Aufgabenteile gelöst werden dürfen.

In einer Abschlussprüfung würde daher ein Verfahrensfehler vorliegen, wenn der Prüfling in einer mündlichen Abiturprüfung nicht die vorgeschriebene Vorbereitungszeit erhält oder wenn ihm bei einem schriftlichen Prüfungsteil nicht die vorgesehene Bearbeitungszeit zur Verfügung steht (wie im Praxisbeispiel). Welche Rechtsfolge an diesen Verfahrensfehler zu knüpfen ist, wird an späterer Stelle noch ausführlich thematisiert (vgl. 7.5 Rechtsfolgen fehlerhafter Leistungsbeurteilungen).

Ein wenig anders gelagert ist die Frage, wie mit einer **Zeitüberschreitung durch den Prüfling** umzugehen ist (Beispiel: Nach dem Aufruf zur Abgabe der Klausur schreibt ein Prüfling weiter, weil er die Seiten noch nummerieren oder einen Satz beenden möchte). Mit dem *VG Karlsruhe* muss man davon ausgehen, dass eine geringfügige Zeitüberschreitung von fünf Minuten grundsätzlich unbeachtlich ist.[52] Es wäre mithin ein Verfahrensfehler, wenn die aufsichtführende Lehrkraft die Prüfungsarbeit nach dieser kurzen Zeitüberschreitung nicht mehr annehmen würde.

2.3.2 *„Ich kann mich bei dem Krach nicht konzentrieren!"* – Gebot gleicher äußerer Rahmenbedingungen

PRAXIS BEISPIEL Der Schüler S. schreibt eine Mathematikarbeit. In dem Klassenraum sind es nur 12 Grad Celsius, weshalb er sehr friert. Er schreibt eine Fünf. S. möchte die Arbeit noch einmal schreiben und beruft sich dazu auf die Kälte während der Arbeit (in Anlehnung an *BVerwG*, Urt. v. 6.9.1995 – 6 C 16/93 = BVerwGE 99, S. 172).

Der Grundsatz der Chancengleichheit (Art. 3 Abs. 1 GG) gebietet es, dass allen Schülerinnen und Schülern bei der Erbringung einer Leistung möglichst vergleichbare Bedingungen zustehen. Das gilt ausnahmslos für formelle Prüfungssituationen wie der Abiturprüfung[53] und sollte auch bei schulalltäglichen Leistungskontrollen nicht anders sein. Ungewöhnliche äußere Einwirkungen wie **(Bau-)Lärm, große Hitze oder Kälte**, welche geeignet sind, die Konzentration eines Prüflings nicht nur unerheblich zu erschweren und ihn dadurch abzuhalten, seine wahre Befähigung nachzuweisen, beeinträchtigen die Chancengleichheit. Wird jemand bei der Erbringung der Leistung dadurch gestört, so ist er gegenüber den Mitschülerinnen und Mitschülern, für die noch keine Beeinträchtigung vorliegt, benachteiligt.[54]

Eine solche Störung ist bei **schriftlichen Leistungsüberprüfungen** immer nur dann beachtlich, wenn der Prüfling die Lehrkraft unverzüglich, d. h. ohne schuldhaftes Zögern, auf die Störung aufmerksam macht. Dies beruht auf dem Gedanken, dass sich für einen Prüfling aus seinem Rechtsverhältnis zur Prüfungsbehörde nach Treu und Glauben eine Pflicht zur Mitwirkung im Prüfungsverfahren, insbesondere zur rechtzeitigen Geltendmachung von Mängeln und Behinderungen ergibt. Macht eine Schülerin oder ein Schüler die Lehrkraft auf die Störung unverzüglich aufmerksam, dann muss diese sich darum bemühen, die Störung abzustellen oder, wenn dies nicht möglich ist, dem Prüfling eine Verlängerungszeit einräumen. Die zusätzliche Zeit muss dann dem Zeitraum der Störung entsprechen.[55] Unterlässt es der Prüfling, die Lehrkraft rechtzeitig auf die Störung aufmerksam zu machen, so kann er sich nach der Erbringung der Leistung nicht mehr auf sie berufen, es sei denn, die Störung hat ihn nach Art und Ausmaß ohne jeden Zweifel und offensichtlich in seiner Chancengleichheit beeinträchtigt.

Bei **mündlichen Leistungserhebungen** wird eine unverzügliche Rügepflicht der oder des Geprüften aufgrund der besonderen Situation zu Recht nicht gefordert.[56] Hier reicht es grundsätzlich aus, wenn der Prüfling nachträglich auf eine Störung aufmerksam macht.

Sofern jemand dauerhaft oder vorübergehend darin beeinträchtigt ist, seine Leistungen in Leistungsüberprüfungen zu erbringen (Beispiele: LRS-Schwäche, verstauchte Schreibhand), dann muss diese **Behinderung** angemessen mit Hilfe eines Nachteilsausgleiches berücksichtigt werden, denn nur so kann die eingeschränkte Person dieselben Startchancen erhalten wie nicht eingeschränkte.[57]

Mit Blick auf den obigen **Ausgangsfall** – dort ging es eigentlich um eine mehrstündige Klausur im Rahmen einer ärztlichen Vorprüfung – hat das *BVerwG* entschieden, dass die Prüfung aufgrund der erheblichen Kühle zu wiederholen war: „Eine Temperatur im Prüfungsraum, die 20 Grad C stark unterschreitet und bei etwa 12 Grad C liegt, reicht bei einer mehrstündigen Aufsichtsarbeit offensichtlich nicht aus, sondern benachteiligt die Prüflinge erheblich. Die Empfehlung des Aufsichtsführenden, Jacken oder Mäntel anzuziehen, macht dies in besonderem Maße deutlich. Prüflinge, die unter diesen Umständen eine schriftliche Prüfungsarbeit anfertigen sollen, sind gegenüber anderen Prüflingen, die in ausreichend beheizten Räumen ihre Leistungen erbringen können, ohne Zweifel benachteiligt.“ Dass der Prüfling die äußere Störung erst im Nachhinein bemängelt hat und nicht unverzüglich während der Prüfung, war aufgrund der Offensichtlichkeit der Störung unerheblich.

2.3.3 Abprüfen des tatsächlichen Wissensstandes

Eine Leistungsüberprüfung soll immer nur denjenigen Leistungsstand messen, den eine Schülerin oder ein Schüler im Zeitpunkt der Leistungserbringung tatsächlich aufweist. Durch die Lehrkraft muss daher sichergestellt werden, dass es insoweit nicht zu „Verzerrungen" kommt.

Erkrankungen (Prüfungsunfähigkeit)

PRAXIS BEISPIEL Schülerin S. „brütet" über ihrer Lateinarbeit. Von einer starken Erkältung geplagt, kann sie sich kaum so richtig auf die Römer konzentrieren. Ihrem Lehrer berichtet sie davon aber nicht. Aufgrund ihres gesundheitlichen Zustands schreibt sie deshalb nur eine Sechs. Als sie die Note erfährt, bittet sie darum, die Arbeit nachschreiben zu dürfen.

Eine Verzerrung des wahren Leistungsstandes könnte beispielsweise dann vorliegen, wenn ein Kind **krank** ist und trotzdem an einer Leistungskontrolle teilnimmt, denn dann wird es im Regelfall sein normales Leistungsvermögen nicht voll abrufen können und vermutlich eine schlechtere Leistung erbringen.

Als Grundsatz ist hier das Folgende festzuhalten: Immer dann, wenn sich ein Prüfling in Kenntnis seines verminderten Gesundheitszustands willentlich einer Leistungskontrolle unterzieht, trägt er das volle Risiko für das Ergebnis der Leistungsbeurteilung. Im Falle eines schlechten Bewertungsergebnisses kann er sich im Nachhinein also nicht darauf berufen, dass er während der Leistungskontrolle doch eigentlich krank bzw. prüfungsunfähig war und er deshalb eine neue Chance zur Leistungserbringung verdient habe (deshalb beginnen heute nahezu alle formellen Prüfungen mit der Frage, ob sich der Prüfling gesund fühle). Für eine Schülerin oder einen Schüler ist es daher unbedingt ratsam, an einer Leistungsüberprüfung nicht teilzunehmen (oder genauer: den Rücktritt zu erklären), sofern eine gesundheitliche Beeinträchtigung vorliegt, aufgrund derer das aktuelle Leistungsvermögen eingeschränkt ist.

Damit stellt sich die Frage, unter welchen **Voraussetzungen** jemand einer geplanten Leistungsüberprüfung in entschuldigter Weise fernbleiben darf. Während für formelle Prüfungssituationen anerkannt ist, dass ein Rücktritt aufgrund des Gebots der Chancengleichheit unter den Prüflingen nur unter sehr engen Voraussetzungen möglich ist (vgl. zu den Einzelheiten weiter unten unter 2.7.1 Rücktritt wegen Krankheit und Anderem), wird für schulalltägliche Leistungskontrollen richtigerweise vorgeschlagen, die Anforderungen nicht zu hoch zu hängen.[58] Dafür spricht vor allem der Gedanke, dass diese Formen der Leistungsbeurteilung auch eine Rückmeldung über den Lernfortschritt einer Klasse geben sollen und insoweit das Gebot der Chancengleichheit zumindest teilweise zurücktreten kann. Es sollte insoweit ausreichen, dass eine Entschuldigung der Sorgeberechtigten bzw. bei volljährigen Jugendlichen eine ärztliche Bescheinigung vorgelegt wird, aus der hervorgeht, dass die Person am Tag der Leistungsüberprüfung **schulunfähig** war. Wie bei formellen Prüfungen auch muss die (mündliche oder schriftliche) Erklärung rechtzeitig erfolgen, für den schriftlichen Nachweis der Schulunfähigkeit gilt dieses nicht zwingend.

PRAXIS BEISPIEL

Schüler K. begehrt die Teilnahme an einem Nachschreibtermin, da er an dem eigentlichen Klausurtermin erkrankt war. Obwohl er der Schule rechtzeitig ein ärztliches Attest über seine Erkrankung vorlegt, akzeptiert diese die Bescheinigung nicht, da K. am Tag der ursprünglichen Klausur abends in der Schule war und bei einer Theateraufführung die Technik bediente (*HambOVG*, Beschl. v. 18.11.2011 – 1 Bs 208/11 = juris).

Wird eine Erkrankung bzw. Prüfungsunfähigkeit mit Hilfe eines ärztlichen Attestes nachgewiesen, so ist die Schule zunächst einmal gehalten, von dessen Rechtmäßigkeit auszugehen. **Zweifel** sind im Grunde nur dann statthaft, wenn das Attest bestimmten inhaltlichen Mindestanforderungen nicht genügt oder es sich aus sonstigen Gründen als offensichtlich unrichtig erweist. Dafür spricht der Gedanke, dass für die Entscheidung über die Schulfähigkeit bzw. Schulunfähigkeit medizinische Fachkenntnisse erforderlich sind, über die die Schule in der Regel nicht verfügt. Zwar kann auch das Verhalten einer Schülerin oder eines Schülers dazu führen, dass von der offensichtlichen Unrichtigkeit eines ärztlichen Attests auszugehen ist, doch kommt es dafür sehr stark auf den jeweiligen Einzelfall an.[59]

Bestehen hinsichtlich der Rechtmäßigkeit eines ärztlichen Attestes Bedenken, so ist es Aufgabe der Schule, sich durch **weitere Ermittlungen** Gewissheit über die Richtigkeit zu verschaffen (beispielsweise durch Anhörung des erkrankten Prüflings oder durch Rücksprache mit der ausstellenden Ärztin oder dem Arzt nach Entbindung von der Schweigepflicht). In verschiedenen Bundesländern ist es möglich, dass eine amtsärztliche Bescheinigung vorgelegt werden muss. Aus einer bloßen allgemeinen Lebenserfahrung heraus darf daher grundsätzlich nicht einfach auf die Unrichtigkeit eines vorgelegten Attests geschlossen werden.

Das erkennende *Hamburgische Oberverwaltungsgericht* hat Schüler K. daher im Ausgangsfall Recht gegeben: „Weder bestehe der Erfahrungssatz, dass eine Schulfähigkeit während der ersten beiden Unterrichtsstunden notwendig zur Schulfähigkeit in der dritten und vierten Stunde führe, noch, dass eine Schulunfähigkeit in der dritten und vierten Unterrichtsstunde die Fähigkeit zur Teilnahme an einer schulischen Abendveranstaltung zwingend ausschließe."

Hilfestellungen durch Lehrkräfte

Problematisch können auch diejenigen Fälle sein, in denen die Lehrkraft dem Prüfling während der Leistungserbringung Hilfe leistet, indem sie beispielsweise einen Hinweis gibt. Denn auch hier stellt sich die Frage, ob nicht ein Verstoß gegen den Gleichheitsgrundsatz (Art. 3 Abs. 1 GG) vorliegt, da nun nicht mehr alle die gleichen Chancen bei der Erbringung der Leistung haben. Um eine solche Ungleichbehandlung zu vermeiden, sollte die Lehrkraft beispielsweise die von einem Einzelnen gestellte Frage laut auch für alle anderen Prüflinge beantworten. Alternativ wäre auch denkbar, dass es während einer Arbeit jedem gestattet ist, eine Frage zu stellen.

Täuschungen

Der tatsächliche Leistungsstand einer Schülerin oder eines Schülers würde schließlich dann nicht ermittelt werden, wenn sich diese Person im Rahmen der Leistungserbringung einen unzulässigen Vorteil verschafft hätte und somit über den wahren Leistungsstand hinwegtäuscht. Da dieser Fall im Schulalltag häufiger vorkommt, soll darauf an späterer Stelle etwas genauer eingegangen werden (vgl. Kapitel 3 „Alles nur geklaut!" – Umgang mit Täuschungen). Ebenfalls wird weiter unten auf den Fall eingegangen, dass einzelne oder mehrere Schüler vor Prüfungsbeginn bereits **Kenntnis von der Aufgabenstellung** haben (vgl. dazu unter 8.5.4 Wiederholungsprüfungen von Amts wegen).

2.3.4 Individuelle Zurechenbarkeit der erbrachten Leistung

PRAXIS BEISPIEL Der Lehrer L. lässt eine Klassenarbeit schreiben. Da er für den folgenden Unterricht noch Materialien kopieren muss, verlässt er nach dem Austeilen der Aufgabenblätter den Klassenraum und kommt erst zum Ende der Stunde wieder.

Eine sinnvolle Leistungsbeurteilung kann nur dann erfolgen, wenn die zu bewertende Leistung auch einer Person individuell zugerechnet werden kann. Aus diesem Grund ist es bei schriftlichen Arbeiten zwingend notwendig, dass die Arbeit unter **Aufsicht** angefertigt wird. Hat die Aufsicht gefehlt, darf die Arbeit nicht gewertet werden und auch nicht als Grundlage für die Zeugnisnote dienen.[60]

Bei **Gruppenarbeit** setzt die individuelle Zurechenbarkeit voraus, dass die Leistung eines jeden Gruppenmitglieds deutlich von den anderen Leistungen abgrenzbar und bewertbar ist.

Dieser Grundsatz hat große Bedeutung für **Projektarbeiten**, die in der Regel in Kleingruppen angefertigt werden. Sofern es sich bei dem jeweiligen Produkt um eine schriftliche Ausarbeitung handelt, muss von den Schülerinnen und Schülern hinreichend deutlich gemacht werden, wer für welchen Teil inhaltlich verantwortlich ist. Eine solche eindeutige Abgrenzung liegt zumindest dann vor, wenn die Arbeit nach Abschnitten äußerlich aufgeteilt ist.[61] Ein allgemeiner Hinweis auf dem Deckblatt über die Autorenschaft der Arbeit genügt hingegen nicht. Bei sonstigen Produkten (Beispiel: Film, Skulptur, Theaterstück) ergibt sich eine solche inhaltliche Zuordnung erst aus weiteren Aspekten, wie z. B. Reflexionsberichten und Kolloquien.

2.3.5 Störungen durch den Prüfling

PRAXIS BEISPIEL

Während einer schriftlichen Abiturklausur unterhalten sich zwei Schüler wiederholt lautstark über das verlorene Fußballspiel ihres Lieblingsvereins. Ermahnungen des aufsichtführenden Lehrers A. beflügeln sie eher noch darin, ihr Gespräch zu intensivieren. Als sich schließlich andere Prüflinge über die Unruhe beschweren, schließt A. die beiden Schüler von der weiteren Teilnahme an der Prüfung aus.

Es gehört zu den Pflichten jedes Prüflings, den äußeren Ablauf von Leistungskontrollen nicht durch Störungen zu beeinträchtigen, denn im Falle einer Störung besteht immer die Gefahr, dass andere Teilnehmerinnen und Teilnehmer ihre wahren Kenntnisse und Fähigkeiten nicht hinreichend abrufen können. Das folgt ganz allgemein aus dem Rechtsverhältnis zwischen der Schule und der Schülerschaft (ggf. in Verbindung mit der jeweiligen Schulordnung), im Besonderen ergibt sich diese Pflicht aber auch aus dem Prüfungsrechtverhältnis.

Für eine dem Prüfling zurechenbare Störung wird man immer verlangen müssen, dass diese **vorsätzlich, d. h. mit Wissen und Wollen** hervorgerufen wurde (Beispiele: laute Unterhaltungen, Rauchen, wiederholtes Dazwischenreden in einer mündlichen Prüfung), rein fahrlässige Beeinträchtigungen des äußeren Ablaufs reichen grundsätzlich nicht aus (Beispiel: Weckerfunktion des Mobiltelefons führt zum Klingeln während einer Prüfung).[62] Ebenfalls wird man fordern müssen, dass es sich um eine erhebliche Störung handelt, die geeignet ist, die Leistungsbereitschaft der anderen Schülerinnen und Schüler nachhaltig zu beeinträchtigen.

Soll auf eine Störung mit einer bestimmten **Sanktion** wie beispielsweise dem Ausschluss von der weiteren Prüfungsteilnahme reagiert werden, so gilt das Folgende: Sanktionen bei berufsöffnenden Prüfungen dürfen immer nur in dem Rahmen ausgesprochen werden, wie es landesrechtlich in den einzelnen Prüfungsordnungen konkret vorgesehen ist. Dieses sehr restriktive Verständnis ist Ausfluss der Rechtsprechung des *BVerwG*, das an die Anwendung von Sanktionsmaßnahmen hohe Anforderungen knüpft.[63] Vor dem Hintergrund der Freiheit der Berufswahl (Art. 12 GG) erfordert es der Gesetzesvorbehalt, dass Sanktionen nicht nur in den einschlägigen Ordnungsmitteln in hinreichender Bestimmtheit geregelt sind, sondern dass auch bei der Auslegung der einzelnen Tatbestandsvoraussetzungen ein strenger Maßstab anzulegen ist. Geht es um eine Störung in einer schulalltäglichen Leistungskontrolle, so bedarf es der soeben aufgezeigten strengen Maßstäbe grundsätzlich nicht, da hier nicht Zugangschancen zu bestimmten Berufen oder Studiengängen in Frage stehen. Das Recht zur Verhängung von Sanktionen lässt sich hier unmittelbar aus dem staatlichen Erziehungsauftrag ableiten, wonach Kinder und Jugendliche eben auch lernen müssen, dass sie nicht um ihrer selbst willen andere in ihren Rechten und Möglichkeiten beschränken dürfen. Als staatliches Handeln muss die jeweilige Sanktion verhältnismäßig sein, eine Lehrkraft darf insoweit nicht „mit Kanonen auf Spatzen" schießen.

2.3.6 *„Sie werden hier auf dem Zahnfleisch herauskommen!"* – Fairness und Sachlichkeit der Lehrkraft

PRAXIS BEISPIEL Schülerin S. hat sich soeben auf ihre mündliche Prüfung im Fach Biologie vorbereitet. Als ihr Lehrer sie vom Vorbereitungsraum abholt und zum Prüfungsraum begleitet, stimmt er sie mit den Worten *„Sie werden hier auf dem Zahnfleisch wieder herauskommen!"* auf die Prüfung ein (in Anlehnung an *OVG Nordrhein-Westfalen*, Urt. v. 5.12.1986 – 22 A 780/85 = NVwZ 1988, S. 458).

Es gehört zu den prüfungsrechtlichen Grundsätzen, dass sich Lehrkräfte im Rahmen von Leistungskontrollen fair und sachlich gegenüber den Prüflingen verhalten müssen. Das gilt insbesondere für Leistungsbeurteilungen mit **mündlichen oder praktischen Prüfungsanteilen**. Bei ihnen muss die Lehrkraft darauf achten, dass „das Prüfungsverfahren (…) auch hinsichtlich des Stils der Prüfung und der Umgangsformen der Beteiligten einen einwandfreien Verlauf nimmt (…). Es soll vermieden werden, dass der

Prüfling durch ein unangemessenes Verhalten des Prüfers einer psychischen Belastung ausgesetzt wird, die das Bild seiner Leistungsfähigkeit verfälscht und dadurch seine Chancen mindert."[64] Ob ein Verstoß gegen das Gebot der Fairness und Sachlichkeit im Einzelfall vorliegt, lässt sich nicht allein aus den subjektiven Empfindungen über eine „bedrückende" Prüfungsatmosphäre herleiten. Vielmehr bedarf es präziser Feststellungen über das Verhalten der Prüfenden, aus dem sich nachvollziehbar Schlussfolgerungen auf eine Verwirrung oder Verunsicherung des Prüflings ziehen lassen. Es kommt somit auf eine objektive Betrachtung aus der Sicht eines verständigen Prüflings an.[65]

Für mündliche und praktische Leistungsüberprüfungen hat das Gebot der Fairness und Sachlichkeit zur Konsequenz, dass die Lehrkraft keine **unangemessenen Bemerkungen** machen darf. So wird das Gebot der Fairness sicherlich verletzt, wenn die Lehrkraft die Prüfungsleistungen der Schülerin wie in unserem **Praxisbeispiel** sarkastisch, spöttisch, höhnisch oder auf andere Weise herabsetzend kommentiert.[66] Das *BVerwG* bringt es sehr treffend auf den Punkt: „Ein ihn der Lächerlichkeit preisgebendes Prüferverhalten braucht kein Prüfling zu dulden, mögen seine Leistungen noch so unzulänglich gewesen sein. Auch ‚bodenloser Unsinn' gibt dem Prüfer nicht das Recht, dem Prüfling mit überheblichem Spott zu begegnen. Ein solches Prüfergebaren verletzt das Recht des Prüflings auf ein faires Verfahren."[67]

Gegen das Fairnessgebot kann eine Lehrkraft aber auch dann verstoßen, wenn sie – aus ihrer Sicht – wohlgemeinte Ratschläge gibt, die jedoch bei dem Prüfling zu **tiefgreifenden Verunsicherungen** führen (Beispiel: Ratschläge zum weiteren Studien- oder Berufsweg zu Beginn oder während der Prüfung, die auf eine mangelnde Qualifikation gerade im Prüfungsfach hindeuten).

PRAXIS BEISPIEL

Nachdem Schüler S. mit seinem mündlichen Vortrag zur Photosynthese begonnen hat, holt Lehrer L. sein Handy heraus, um sich Notizen zum Prüfungsverlauf zu machen. S. ist durch dieses Verhalten sehr verunsichert, da er das Gefühl hat, dass sich der Prüfer lieber mit seinem Smartphone beschäftigt als mit seinen Einlassungen zu den biochemischen Prozessen (nach *VG Saarland*, Urt. v. 3.3.2015 – 1 K 2029/13 = juris).

Gegen das Gebot der Fairness und Sachlichkeit kann eine Lehrkraft nicht nur durch eine unangemessene Wortwahl verstoßen, sondern auch durch schlichtes **nonverbales Verhalten**. Zu prüfen ist in diesen Fällen, ob bestimmte Umgangsformen der Lehrkraft geeignet sind, die Schülerin oder den Schüler zu verwirren und bei diesem eine leistungsverfälschende Verunsicherung hervorzurufen. Ob die Lehrkraft diese Verunsicherung auch tatsächlich hervorrufen wollte, spielt dabei keine Rolle.

So ist es beispielsweise problematisch, wenn jemand aus einer Prüfungskommission aus gesundheitlichen Gründen eine solch stark getönte **Brille** während eines Prüfungsgesprächs trägt, dass dadurch der persönliche Augenkontakt mit dem Prüfling ausgeschlossen wird: „Es gehört zu den Pflichten einer Prüfungskommission, sich so zu verhalten, dass die psychische Belastung der Prüflinge möglichst gering gehalten wird und Irritationen der Prüflinge möglichst vermieden werden, schon um die Konzentrationsfähigkeit der Prüflinge nicht zu beeinträchtigen. Hierzu gehört es auch, dass die Prüflinge im Voraus darauf hinzuweisen sind, wenn ein Prüfer unter einer Augenkrankheit leidet und eine Spezialbrille trägt, die bei dem Gegenüber den Eindruck ständig geschlossener Augen vermitteln kann. Anderenfalls könnten die Prüflinge den Eindruck erhalten, der Prüfer sei eingeschlafen. Die sich daran zwangsläufig anschließende Überlegung des Prüflings, wie er auf diese Situation reagieren soll, ob er insbesondere den Vorsitzenden der Kommission bitten soll, den Prüfer zu wecken oder ob er dessen Verhalten besser hinnimmt, bringt bereits eine hohe Beeinträchtigung der Konzentration des Prüflings mit sich.“[68]

In dem **Praxisbeispiel** kam das erkennende *VG Saarland* zu dem Ergebnis, dass der Prüfling durch das Herausholen und Nutzen des Smartphones in unzulässiger Weise verunsichert wurde. Auch hier wäre es die Aufgabe des Lehrers gewesen, den Prüfling über die Absicht seines Verhaltens vorab aufzuklären, um so eine mögliche Verunsicherung gar nicht erst aufkommen zu lassen.

PRAXIS BEISPIEL Obwohl der mündliche Vortrag des Schülers S. im ersten Teil der Biologie-Prüfung rund zehn Minuten dauern soll, ist er bereits nach vier Minuten fertig. Der Prüfer wartet daraufhin sechs Minuten schweigend, bis er mit seinem Prüfungsgespräch im zweiten Teil der Prüfung startet. S. fühlt sich durch diese Schweigephase des Lehrers sehr gelähmt und verunsichert. Er begehrt anschließend eine Wiederholung der Prüfung, da das Verhalten des Lehrers unfair gewesen sei (*BayVGH*, Beschl. v. 8.10.2004 – 7 CE 04.2567 = juris).

In diesem Fall hat das Gericht zu Recht hervorgehoben, dass auch ein **längeres Schweigen** des Prüfers im Rahmen einer mündlichen Leistungsüberprüfung gegen das Fairnessgebot verstoßen kann: „Im vorliegenden Fall liegt es für den objektiven Betrachter nahe, dass der Antragsteller durch das etwa 6-minütige Schweigen der Prüfer nach Beendigung seines ca. 4-minütigen Referats erheblich verunsichert wurde. (...) Der Vorschrift kann nicht entnommen werden, dass mit den nachfolgenden Prüfungsteilen zugewartet werden muss, wenn der Schüler die Zeitvorgabe für das Kurzreferat nicht ausschöpft. Die in ihr enthaltenen Zeitvorgaben sind ungefähre Angaben dafür, wie lange die einzelnen Prüfungsteile dauern sollen. Dafür spricht schon die Verwendung der Begriffe ‚etwa' und ‚ca.'. Eine exakte Einhaltung der Zeitschiene wird nicht verlangt; sie könnte in einer mündlichen Prüfung auch nicht erwartet werden. Der Vorschrift ist aber unschwer zu entnehmen, dass das Colloquium in einem Zuge durchzuführen ist; Unterbrechungen sind nicht vorgesehen. Es spricht viel dafür, dass das Zuwarten der Prüfer nach dem zu kurz geratenen Kurzreferat bis zum Ablauf der 10 Minuten geeignet war, den Prüfling durch die so eintretende Pause – sei es auch ungewollt, so doch für jedermann nachvollziehbar – massiv zu verunsichern. Es hätte vielmehr nahegelegen, in Erfüllung der Fürsorgepflicht für den Prüfling und zur Gewährleistung eines fairen Prüfungsverfahrens nach Beendigung des Referats und nachdem der Prüfling sich trotz nochmaliger Aufforderung nicht zu einer Ergänzung des Referats in der Lage sah, die Colloquiumsprüfung sogleich mit dem Gespräch über das Kurzreferat (…) fortzusetzen."

Das bloße **Unterlassen einer Rückmeldung** des Prüfers zu den gegebenen Antworten des Prüflings stellt hingegen keinen Fairnessverstoß dar.[69] Es besteht nämlich keine rechtliche Verpflichtung, die Äußerungen des Prüflings fortlaufend zu kommentieren und damit den Prüflingen jeweils ein sofortiges „Feedback" zu geben.

2.3.7 Zum Anspruch auf Nachteilsausgleich

Sinn und Zweck

Immer dann, wenn Prüflinge aufgrund einer Erkrankung o. Ä. erheblich darin beeinträchtigt sind, ihr vorhandenes individuelles Leistungsvermögen im Rahmen einer Leistungsüberprüfung darzustellen, haben sie ein Recht auf **Veränderung der Rahmen- bzw. Prüfungsbedingungen:** „Das Gebot der Chancengleichheit", so schreibt hierzu das *BVerwG*, „soll sicherstellen, dass alle Prüflinge möglichst gleiche Chancen haben, die Leistungsanforderungen zu erfüllen. Zu diesem Zweck sollen die Bedingungen, unter denen die Prüfung abgelegt wird, für alle Prüflinge möglichst gleich sein. Es müssen grundsätzlich einheitliche Regeln für Form und Verlauf der Prüfungen gelten; die tatsächlichen Verhältnisse während der Prüfung müssen gleichartig sein. (…) Allerdings sind einheitliche Prüfungsbedingungen geeignet, die Chancengleichheit derjenigen Prüflinge zu verletzen, deren Fähigkeit, ihr vorhandenes Leistungsvermögen darzustellen, erheblich beeinträchtigt ist. Daher steht diesen Prüflingen ein Anspruch auf Änderung der einheitlichen Prüfungsbedingungen im jeweiligen Einzelfall unmittelbar aufgrund des Gebots der Chancengleichheit nach Art. 3 Abs. 1 i.V.m. Art. 12 Abs. 1 GG zu.

Den Schwierigkeiten des Prüflings, seine vorhandenen Kenntnisse und Fähigkeiten unter Geltung der einheitlichen Bedingungen darzustellen, muss durch geeignete Ausgleichsmaßnahmen Rechnung getragen werden. Dieser Nachteilsausgleich ist erforderlich, um chancengleiche äußere Bedingungen für die Erfüllung der Leistungsanforderungen herzustellen." [70]

Da es bei einem solchen Nachteilsausgleich darum geht, ein bestimmtes Handicap auszugleichen, können sich Mitschülerinnen und Mitschüler grundsätzlich nicht darauf berufen, ihrerseits in ihrem Recht auf Chancengleichheit verletzt zu sein, denn durch eine Veränderung der Rahmenbedingungen bei der Leistungserbringung wird eine „Waffengleichheit" ja überhaupt erst hergestellt.[71]

Der Anspruch auf Nachteilsausgleich besteht ohne weiteres für die verschiedenen formellen **Abschlussprüfungen** wie die Zentralen Abschlussprüfungen am Ende der Sekundarstufe I oder die Abiturprüfung, weil mit ihnen Berechtigungen verbunden sind. Aber auch im Rahmen der **schulalltäglichen Klassenarbeiten bzw. Klausuren** und anderen Formen von Leistungskontrollen ist eine entsprechende Rücksichtnahme geboten. Das folgt aus dem Grundrecht des Art. 3 Abs. 3 S. 2 GG, das eine Benachteiligung behinderter Menschen verbietet.[72] Für den Unterricht und die Erstellung von **Lernmaterialien** bedarf es keines besonderen Nachteilsausgleiches, da sich diese ohnehin an den einzelnen Schülern ausrichten (sollten).

Für bestimmte Beeinträchtigungen wie einer Lese-Rechtschreibschwäche (LRS) sowie für Jungen und Mädchen mit körperlichen Behinderungen oder Sinnesbehinderungen finden sich in den Bundesländern sehr häufig spezialgesetzliche Regelungen, die vorrangig zu beachten sind. Für Kinder nichtdeutscher Herkunftssprache sollten im Rahmen der Leistungsbeurteilung sprachlich bedingte Erschwernisse angemessen berücksichtigt werden.

Nachteilsausgleiche dürfen grundsätzlich **nicht im Zeugnis vermerkt** werden.[73]

Auswahlkriterien

PRAXIS BEISPIEL

> Schüler A. leidet unter einem Asperger-Syndrom (ICD 10 F84.5), das zu den Autismus-Spektrum-Störungen gehört, sowie unter einer Aufmerksamkeitsstörung ohne Hyperkinesie (ICD 10 F90.0). Als er sich zu einer externen Prüfung zur Erlangung des mittleren Schulabschlusses (Fachoberschulreife) anmeldet, beantragt er aufgrund seiner Erkrankung Zeitverlängerungen sowohl für die schriftlichen Prüfungstermine als auch für die mündliche Prüfung. Die zuständige Prüfungskommission lehnt diesen Antrag ab (*VG Düsseldorf*, Beschl. v. 10.5.2021 – 18 L 983/21 = juris).

Ein Nachteilsausgleich kann auf verschiedene **Arten** gewährt werden:

Übersicht 4: Beispiele für Nachteilsausgleiche

- Zeitzuschlag bis maximal zur Hälfte der regulären Bearbeitungszeit, z. B. bei Klassenarbeiten oder anderen schriftlichen Arbeiten
- Bereitstellen von technischen und didaktischen Hilfsmitteln (z. B. elektronische Textverarbeitung)
- Vorlesen von Aufgabenstellungen
- Gewährung zusätzlicher Arbeitszeit für Aufgaben im Unterricht
- spezifisch gestaltete Aufgabenstellungen im Unterricht
- spezielle Organisation des Lern- bzw. Arbeitsplatzes
- Reduzierung der Hausaufgaben
- gestaltete Pausenregelungen
- Ausgleichsmaßnahmen anstelle einer Mitschrift von Tafeltexten
- bei Prüfungen: Wechsel der Prüfungsform

Die konkrete **Auswahl** einer Maßnahme liegt immer im pflichtgemäßen Ermessen der Schule, die betroffene Schülerin oder der betroffene Schüler selbst hat keinen Anspruch auf eine bestimmte Maßnahme.[74]

Die Auswahl wird durch den Zweck begrenzt, (lediglich) einen Ausgleich für die Schwierigkeit zu schaffen, die bei dem Prüfling an sich vorhandenen Kenntnisse und Fähigkeiten abzurufen. Geht es – wie in unserem Ausgangsfall – beispielsweise um eine Zeitverlängerung, dann muss geklärt werden, ob die Ursache für die verlangsamte Bearbeitung in einer von vornherein beeinträchtigten Leistungsfähigkeit liegt oder in der Schwierigkeit, die an sich vorhandene Leistungsfähigkeit darstellen zu können. Ist das individuelle Leistungsvermögen also krankheitsbedingt ohnehin vermindert, liegt eine krankheitsbedingte Beeinträchtigung beim Denken vor (Beispiel: „Denkblockaden“ in Prüfungssituationen) oder leidet der Mensch unter Depressionen, so kommt ein Nachteilsausgleich nicht in Betracht. Aus diesem Grund hat das *VG Düsseldorf* den Antrag des Schülers als unbegründet abgelehnt, denn „gerade die Denkleistung, in einer bestimmten Zeit eine bestimmte Prüfungsaufgabe zu lösen, ist die geforderte Prüfungsleistung. Leistungsschwächen in diesem Bereich können daher nicht nur keinen Anspruch auf Nachteilsausgleich begründen, sondern dürfen sogar aus Gründen der Chancengleichheit nicht ausgeglichen werden."

PRAXIS BEISPIEL

Schüler N. ist Legastheniker und besucht die 9. Klasse der Realschule. Gegenüber seiner Schule beantragt er, Klassenarbeiten sowie schriftliche Leistungsüberprüfungen bis zur angestrebten Erlangung des Realschulabschlusses unter Zuhilfenahme eines Notebooks mit der Maßgabe bearbeiten zu dürfen, dass die Lösung mittels eines Spracherkennungsprogrammes von ihm diktiert und nach Ende der Bearbeitungszeit ausgedruckt wird. Nachträgliche Streichungen und Einschübe sollen dabei jeweils durch die Verwendung eines anderen Schriftbildes kenntlich gemacht und eine etwaige automatische Zeichensetzung in der Spracherkennungssoftware deaktiviert werden. Die Schule lehnt den Antrag ab, da der Einsatz des Notebooks zu einer Veränderung der Beurteilungsmaßstäbe führen würde (*VG Münster*, Beschl. v. 28.8.2017 – 1 L 1154/17 = juris).

Ein Nachteilsausgleich darf ferner immer nur insoweit gewährt werden, wie dies zur Herstellung der Chancengleichheit erforderlich ist. Es darf mithin zu **keiner Überkompensation**, insbesondere zu keiner Veränderung der Bewertungsmaßstäbe kommen. Von einer solchen Überkompensation ist das *VG Münster* in dem **Praxisbeispiel** ausgegangen und hat der Schule Recht gegeben: Zwar hätte der Schüler aufgrund seiner Erkrankung grundsätzlich einen Anspruch auf Nachteilsausgleich, allerdings berühre der Notebook-Einsatz die einheitliche Anwendung des allgemeinen Maßstabs der Leistungsbewertung: „Es würden im Ergebnis Leistungsanforderungen an den Antragsteller nicht gestellt werden (können), die nach den allgemeinen Bestimmungen bei den Klassenarbeiten und schriftlichen Leistungsüberprüfungen in die Bewertung einfließen. Der Einsatz eines Spracherkennungsprogramms in sämtlichen Klassenarbeiten würde die gesetzlich vorgegebene Grundlage der Leistungsbewertung verändern und damit zugleich die einheitliche Anwendung des allgemeinen Maßstabs der Leistungsbewertung berühren. Nach § 48 Abs. 2 des Schulgesetzes für das Land Nordrhein-Westfalen (SchulG NRW) sind Grundlage der Leistungsbewertung alle von den Schülern im Beurteilungsbereich ‚Schriftliche Arbeiten' und im Beurteilungsbereich ‚Sonstige Leistungen im Unterricht' erbrachten Leistungen (Satz 2), wobei beide Beurteilungsbereiche bei der Leistungsbewertung angemessen berücksichtigt werden (Satz 3). (…) Die hierin zum Ausdruck kommende grundlegende Unterscheidung zwischen schriftlichen und mündlichen Leistungen würde für den Antragsteller aufgehoben und der Überprüfung der allgemeinen Befähigung zur Darlegung schriftlicher Äußerungen die Grundlage entzogen, wenn durch den Einsatz eines

Notebooks mit Spracherkennungsprogramm die nach den allgemeinen Vorgaben grundsätzlich schriftlich abverlangten Leistungen letztlich durchweg mündlich erbracht würden."

PRAXIS BEISPIEL

Schülerin R. macht eine Ausbildung zur Rechtsanwalts- und Notarfachangestellten. Aufgrund ihrer erheblichen Lese- und Rechtschreibschwäche beantragt sie für die schriftlichen Prüfungen eine Zeitverlängerung. Die zuständige Prüfungskommission lehnt den Antrag ab.

Schließlich ist darauf zu achten, dass sich ein beabsichtigter Nachteilsausgleich nicht gerade auf diejenigen Kenntnisse und Fähigkeiten bezieht, die gerade Gegenstand einer Prüfung sind. In unserem **Praxisbeispiel** wäre daher die Gewährung veränderter äußerer Prüfungsbedingungen wohl unzulässig: Sinn und Zweck der Prüfung zur Rechtsanwalts- und Notarfachangestellten ist es unter anderem, auch zu prüfen, ob Schriftsätze in einer bestimmten Zeit angefertigt werden können. Dem liefe es zuwider, wenn ein Prüfling hierfür gerade eine Zeitverlängerung erhielte.

Überprüfbarkeit
Das *VG Schleswig-Holstein* hat entschieden, dass Entscheidungen über die Gewährung eines Nachteilsausgleiches nur einer **eingeschränkten gerichtlichen Kontrolle** unterliegen: „Die Entscheidung des Schulleiters über die Art und den Umfang eines Nachteilsausgleichs ist wie auch andere pädagogische Entscheidungen auf der Grundlage eines gerichtlich nur begrenzt überprüfbaren Beurteilungsspielraums zu treffen. Die verwaltungsgerichtliche Kontrolle muss sich auf die Überprüfung beschränken, ob das Verfahren ordnungsgemäß durchgeführt worden ist, ob von dem richtigen Sachverhalt oder von falschen Tatsachen ausgegangen wurde, ob die Stellungnahme des Förderzentrums hinreichend berücksichtigt wurde und ob die Entscheidung auf sachfremden Erwägungen beruht oder willkürlich ist. Die pädagogische Beurteilung muss in sich schlüssig und nachvollziehbar sein und darf den Erfordernissen rationaler Abwägung nicht widersprechen (…)."[75]

2.4 Phase der Leistungsbewertung

Während im vorherigen Abschnitt auf solche Aspekte näher eingegangen wurde, die bei der Ermittlung der schulischen Leistung (Leistungsmessung, Leistungserbringung) zu beachten sind, soll es nun um den sich daran anschließenden Vorgang der Leistungsbewertung gehen. In dieser Phase korrigiert die Lehrkraft die erbrachte Leistung im Hinblick auf die Richtigkeit wiedergegebener Ausführungen (Tatsachenkontrolle) und sie beurteilt beispielsweise den Aufbau, die Struktur oder die Überzeugungskraft angeführter Argumente. Die Rechtsprechung hat zu dieser Phase der Leistungsbeurteilung die Lehre vom prüfungsrechtlichen Beurteilungsspielraum entwickelt, welche daher zunächst kurz vorgestellt werden soll.

2.4.1 Lehre vom Beurteilungsspielraum

Das Bewerten von Schülerleistungen ist ein sehr anspruchsvoller Vorgang, der ab und an auch noch so manchen „alten Hasen" vor Herausforderungen stellt. Insbesondere dann, wenn es um die Wertung eher „weicher" Faktoren wie den Aufbau und die Darstellung einer schriftlichen Leistung oder die Kommunikationsfähigkeit in einer mündlichen Prüfung geht, ist viel Fingerspitzengefühl und Erfahrung gefragt, um zu einer angemessenen Notenfindung zu kommen.

Dieser **besondere Charakter der Bewertungssituation** wird auch von den Gerichten anerkannt: „Die Prüfertätigkeit lässt sich aufgrund ihrer Komplexität weitgehend nicht durch allgemeingültige Regeln erfassen. Vielmehr nimmt der jeweilige Prüfer die Bewertung anhand von Maßstäben vor, die er in Bezug auf die konkrete Prüfungsaufgabe autonom erstellt. Sie beruhen auf einem Bezugssystem, das vor allem durch seine persönlichen Erfahrungen, Einschätzungen und Vorstellungen gebildet wird. Diese Maßstäbe muss der Prüfer aus Gründen der Chancengleichheit auf die Bewertung aller Bearbeitungen derselben Prüfungsaufgabe anwenden. Auf ihrer Grundlage trifft er eine Vielzahl fachlicher und prüfungsspezifischer Wertungen; diese Wertungen setzt er nach der Bedeutung, die er ihnen aufgabenbezogen beimisst, in ein Verhältnis zueinander. Aufgrund der Gewichtung der einzelnen Vorzüge und Nachteile der Prüfungsleistung und deren Vergleich mit anderen Bearbeitungen vergibt der Prüfer die Note, d. h., er ordnet die Prüfungsleistung in eine normativ vorgegebene Notenskala ein (…)."[76]

Um dieser besonderen Situation gerecht zu werden, konkretisierte das *BVerfG* im Jahr 1991 die **Lehre vom prüfungsrechtlichen Beurteilungsspielraum**.[77] Danach stehe grundsätzlich jedem Prüfer bei der Bewertung ein individueller Spielraum zu. Entscheidend sei jedoch, dass dabei bestimmte Grenzen nicht überschritten werden: „Der Bewertungsspielraum hat Grenzen, deren Einhaltung im Hinblick auf Art. 19 Abs. 4 GG gerichtlich nachzuprüfen ist. Die den Gerichten verbleibende Kontrolle muss bei berufsbezogenen Prüfungen für einen wirkungsvollen Schutz der Berufsfreiheit zweckgerichtet, geeignet und angemessen sein (...). Nach der Rechtsprechung der Verwaltungsgerichte (...) ist der Bewertungsspielraum überschritten und eine gerichtliche Korrektur geboten, wenn die Prüfungsbehörden Verfahrensfehler begehen, anzuwendendes Recht verkennen, von einem unrichtigen Sachverhalt ausgehen, allgemeingültige Bewertungsmaßstäbe verletzen oder sich von sachfremden Erwägungen leiten lassen. (...) Eine vertretbare und mit gewichtigen Argumenten folgerichtig begründete Lösung darf nicht als falsch gewertet werden. Dies ist ein allgemeiner Bewertungsgrundsatz, der bei berufsbezogenen Prüfungen aus Art. 12 Abs. 1 GG folgt."[78]

Die konkrete **Bedeutung der Lehre vom Beurteilungsspielraum** liegt zusammenfassend also darin, dass der Lehrkraft (bzw. Prüfenden) für einen Teilbereich der vorzunehmenden Bewertung (und zwar für die sogenannten prüfungsspezifischen Wertungen) ein individueller Entscheidungsspielraum zugestanden wird. In diesem hat sie im Hinblick auf die Bewertung das Letztentscheidungsrecht, woran grundsätzlich auch die Widerspruchsbehörde (i.d.R. der Schulaufsicht) und die Verwaltungsgerichte gebunden sind. Gleichzeitig gibt es aber auch zwingende Anforderungen (die Gerichte sprechen von den „Grenzen des Beurteilungsspielraums"), die von den Lehrkräften bei der Korrektur einer Leistungsüberprüfung unbedingt berücksichtigt werden müssen und deren Nichtbeachtung zu einer fehlerhaften Leistungsbewertung führen kann.

Entwickelt wurden die Grundsätze zum Beurteilungsspielraum ursprünglich im Zusammenhang mit berufsöffnenden Prüfungsentscheidungen außerhalb der Schule wie z. B. juristische und medizinische Prüfungen zum Ersten Staatsexamen.[79] Mittlerweile werden sie jedoch auch auf zentrale Abschlussprüfungen wie die Abiturprüfungen[80], auf berufsöffnende Prüfungen an berufsbildenden Schulen (z. B. bei der Ausbildung zur staatlich anerkannten Erzieherfachkraft) sowie auf Versetzungsentscheidungen[81] und Bildungsgangempfehlungen (Grundschulgutachten) ausgedehnt. Zu Recht weisen *Avenarius* und *Hanschmann* darauf hin, dass diese Grundsätze – zumindest sinngemäß – auch auf andere schulische Leistungsbewertungen übertragen werden sollten.[82]

2.4.2 „Ich enthalte mich einer Bewertung!" – Beachtung von Verfahrensvorschriften

PRAXIS BEISPIEL Lehrerin B. gehört im Rahmen der mündlichen Abiturprüfungen zum Fachprüfungsausschuss Biologie. In einer der Prüfungen ist sie von der Qualität der erbrachten Schülerleistung hin- und hergerissen. Als es am Ende um die konkreten Notenvorschläge geht, enthält sie sich der Stimme, da sie sich einfach nicht zwischen zwei Noten entscheiden kann.

Verfahrensvorschriften sind nicht nur für die Phase der Leistungserbringung von Bedeutung, sondern auch im Zusammenhang mit der eigentlichen Leistungsbewertung. Wird gegen sie verstoßen, kann ein erheblicher Beurteilungsfehler vorliegen.

Solche Verfahrensvorschriften, die sich konkret auf den Vorgang der Bewertung beziehen, sind für die **schulalltäglichen Leistungsüberprüfungen** eher selten anzutreffen. Zu denken wäre hier beispielsweise daran, dass die Lehrkraft einem Irrtum über die gesetzliche Notendefinition unterliegt und für eine „ausreichende" Note Anforderungen verlangt, die eigentlich schon eine „befriedigende" Leistung rechtfertigen würden.

Für die verschiedenen **formalen (Abschluss-)Prüfungen** hingegen werden in den landesrechtlichen Vorschriften sehr häufig Aussagen darüber getroffen, nach welchen Grundsätzen eine erbrachte Leistung zu bewerten ist. Ein typisches Beispiel sind die Vorgaben der allermeisten Prüfungsordnungen, wie im Falle von Kollegialentscheidungen (Beispiel: Fachprüfungsausschuss für eine mündliche Abiturprüfung) ein Bewertungsergebnis zustande kommt, insbesondere, wenn die einzelnen Mitglieder der jeweiligen Kommission die erbrachte Prüfungsleistung unterschiedlich beurteilen und differierende Notenvorschläge unterbreiten. Nicht zulässig ist es bei dem Zusammenwirken mehrerer Prüfer, dass sich – wie in dem Praxisbeispiel – eine Person der Stimme enthält. In diesem Fall wären zwingende Verfahrensvorschriften nicht beachtet worden.

2.4.3 Richtige und vollständige Erfassung des Bewertungsgegenstandes

PRAXIS BEISPIEL Ein Lehrer korrigiert Leistungskursklausuren im Fach Geschichte. Da er unter einem gewissen Zeitdruck steht – das Ende der Noteneingabe ist schon am nächsten Tag –, legt er eine Nachtschicht ein. Aus zunehmender Unkonzentriertheit vergisst er, bei Schüler G. auch die Seiten 22 bis 25 zu lesen.

Grundvoraussetzung für die fehlerfreie Bewertung einer erbrachten Leistung ist sicherlich, dass die jeweilige Lehrkraft sämtliche bewertungsrelevanten Aspekte richtig und vollständig zur Kenntnis nimmt.[83] Das wäre beispielsweise nicht der Fall, wenn sich der Bewertende über den **Inhalt der gestellten Aufgabe irrt** (Beispiel: Die Lehrkraft geht irrtümlich davon aus, dass in der Aufgabe einer Klassenarbeit zwei Zahlen multipliziert werden sollten. Tatsächlich sollten sie nach der Aufgabenstellung addiert werden). Ebenfalls liegt eine unzutreffende Bewertungsgrundlage vor, wenn die Lehrkraft die erbrachte Leistung nicht vollständig zur Kenntnis nimmt (Praxisbeispiel) oder wenn sie Punkte einzelner Teilaufgaben nicht richtig zusammenzählt und so zu einer **falschen Gesamtpunktzahl** gelangt.

2.4.4 Verbot sachfremder Erwägungen und Willkürverbot

PRAXIS BEISPIEL

Im Rahmen der alljährlichen Zentralen Abschlussprüfungen korrigiert der Lehrer W. Mathematikarbeiten. Die Ausführungen von Prüfling P. vermögen kaum zu überzeugen, da dessen mathematisches Wissen wohl nicht sehr ausgeprägt ist. Aus voller Verzweiflung notiert W. wiederholt am Rand „Erbarmung! Barmherzigkeit". Als der Prüfling später Einsicht in die Klausurbewertung nimmt, vertritt er die Ansicht, dass W. aufgrund der getätigten Randbemerkungen bestimmt nicht sachlich und fair bewertet habe und er eigentlich eine bessere Note haben müsse (in Anlehnung an *OVG Nordrhein-Westfalen*, Beschl. v. 19.8.2008 – 14 A 1372/07 = BeckRS 2008, 38279).

Das Verbot der sachfremden Erwägungen hat zum Inhalt, dass die Lehrkraft bei der Bewertung einer Leistung immer streng sachbezogen vorgehen muss. Sie ist dazu verpflichtet, „sachfremde Erwägungen zu unterlassen und Prüfungsleistungen mit innerer Distanz und emotionsfrei zur Kenntnis zu nehmen (…). Verletzt ist dieser Grundsatz jedenfalls dann, wenn die Form der Bewertung zu dem Schluss zwingt, der Prüfer habe die gebotene Gelassenheit und Distanz verloren, ohne die eine gerechte Beurteilung schwerlich gelingen kann (…)."[84] Die Lehrkraft darf sich daher nicht von Gesichtspunkten leiten lassen, die in keinem Zusammenhang mit dem Sinn und Zweck der Leistungskontrolle stehen und deshalb als unsachlich erscheinen müssen.

Randbemerkungen

Eine Lehrkraft darf bei der Bewertung einer Arbeit grundsätzlich keine polemischen oder beleidigenden Randbemerkungen notieren. Das *BVerwG* musste der Frage nachgehen, ob Anmerkungen wie „Unsinn" und „Phrasen" noch mit dem Gebot einer sachlichen Bewertung zu vereinbaren sind. Dazu führt es aus:

„Eine Prüfung wird rechtsstaatlichen Anforderungen nur dann gerecht, wenn der Prüfer sich dem Gebot der Sachlichkeit unterwirft. Die Forderung, der Prüfer müsse die Prüfungsleistung objektiv beurteilen, bedeutet nicht, dass die Bewertung und Beurteilung nicht von der Persönlichkeit des Prüfers geprägt sein dürfe. Dass in die Leistungsbeurteilung die Überzeugungen, Einsichten und Wertvorstellungen des Prüfers mit einfließen, hat die Rechtsprechung seit langem als unabänderliche Tatsache anerkannt und mit der Anerkennung eines Beurteilungsspielraums des Prüfers rechtlich gebilligt. Das ändert aber nichts daran, dass an den Prüfer die Forderung gestellt werden muss, sich bei der Beurteilung einer Prüfungsleistung stets zur Sachlichkeit verpflichtet zu wissen.

Hierzu gehört, dass der Prüfer die Prüfungsleistung mit innerer Distanz und frei von Emotionen zur Kenntnis nimmt. Auch kann man von ihm erwarten, dass er sich bemüht, die Darlegungen des Prüflings richtig zu verstehen und auf dessen Gedankengänge einzugehen, ferner dass er gegenüber abweichenden wissenschaftlichen Auffassungen Toleranz aufbringt. Das schließt nicht aus, auf schlechte schriftliche Leistungen mit harten Randbemerkungen zu reagieren, etwa eine abwegige Äußerung mit dem Begriff ‚Unsinn' oder inhaltsleere Ausführungen mit der Bezeichnung ‚Phrasen' zu kennzeichnen. Anders als bei einer mündlichen Prüfung können solche Reaktionen des Prüfers, von denen der Prüfling erst nach der Prüfung Kenntnis erlangen kann, nicht zu einer leistungsvermindernden Einschüchterung des Prüflings führen. Auch Grobheiten, die bei einer mündlichen Prüfung unzulässig wären, können als schriftliche Äußerung unschädlich sein. Es wäre nichts gewonnen, wollte man den Prüfer auch hier zu besonderer Zurückhaltung bei der Kennzeichnung von Fehlleistungen verpflichten. Allein aus einer drastischen Ausdrucksweise des Prüfers wird man deshalb regelmäßig nicht auf eine unsachliche Bewertung der Prüfungsleistung schließen können. Selbst gelegentliche ‚Ausrutscher' und ‚Entgleisungen' des Prüfers, die der Prüfling auch bei einer mündlichen Prüfung hinnehmen muss (...), können für sich allein den Vorwurf der Unsachlichkeit nicht rechtfertigen. Unsachlich wird die Bewertung aber dann, wenn der Prüfer seiner Verärgerung über schwache Prüfungsleistungen freien Lauf lässt und dadurch die Gelassenheit und emotionale Distanz verliert, ohne die eine gerechte Beurteilung schwerlich gelingen kann."[85]

Der *VGH Baden-Württemberg* hatte zu entscheiden, ob Bemerkungen wie „schief", „ganz schief" oder „sehr schief", die ein Prüfer zwölfmal an den Rand einer (juristischen) Klausur geschrieben hatte, noch auf eine sachliche Bewertung schließen lassen.

„Zwar kann eine solche Bemerkung in der Sache durchaus angebracht sein, etwa als Hinweis darauf, dass ein Gedanke nicht hinreichend präzise geführt erscheint, eine Definition nicht völlig falsch, aber ungenau ist oder auch die Anwendung einer bestimmten Norm auf einen bestimmten Sachverhalt nicht recht passt. Aber durch diese Häufung wird, auch wenn die Bemerkung in jedem einzelnen Fall angebracht sein mag, darüber hinaus zugleich auch der Eindruck transportiert, es fehle nicht nur an der gebotenen Exaktheit des Ausdrucks und damit auch der Gedankenführung, sondern der Kandidat sei dazu auch überhaupt nicht in der Lage. (…) In dieselbe Richtung geht der Hinweis, der Prüfling möge ‚argumentieren' und nicht ‚wohl richtige Meinungen nachbeten' und der Hinweis, Ausführungen seien ‚nicht sinnstiftend'.

Schon diese Randbemerkungen sind, auch wenn sie sachlich begründbar sind, ihrer Form wegen in ihrer Gesamtheit dazu geeignet anzunehmen, dass der Prüfer tatsächlich nicht nur die Falllösung selbst, sondern auch deren Verfasser im Blick hat und dieser Blick nicht mehr rein sachlich und distanziert ist. Da einem Korrektor ein Urteil in dieser Allgemeinheit über die Person eines Prüflings nicht zusteht, ist bereits dieser Eindruck geeignet, Zweifel daran zu wecken, ob der Prüfer noch zu einer ausschließlich sachbezogenen Bewertung nicht der Person, sondern allein dessen Leistung in der Lage ist. Dieser Eindruck wird durch den Stil des Votums nicht gemildert, vielmehr noch verstärkt, wenn neben den bereits genannten Ausdrücken ‚vollkommen absurd', ‚(ganz) schief' oder ‚nicht sinnstiftend' im Text eine Reihe von Wörtern erscheint (wie: endlich, seltsamerweise, immerhin, wenigstens, erschreckend schwach, immerhin konsequent), die dazu geeignet sind, beim Leser den Eindruck zu erwecken, der Prüfer sei erstaunt darüber, wie eine solche Leistung habe zustande kommen können."[86]

Das *VG München* entschied, dass Randbemerkungen wie „grob falsch", „unbrauchbar", „völlig verfehlt" und „absurd" ebenfalls nicht ohne weiteres für eine unsachliche Bewertung sprechen.[87] In unserem **Praxisbeispiel** hat das *OVG Nordrhein-Westfalen* Anmerkungen wie „Erbarmung! Barmherzigkeit" als Ausdruck der individuellen Prüferpersönlichkeit gewürdigt, ohne dass das Gebot der Sachlichkeit verletzt sei.

Stellenwert der äußeren Form oder sprachlicher Mängel
Sachfremd kann eine Bewertung auch dann sein, wenn die äußere Form der Arbeit in erheblicher Form überbewertet wird. Sprachliche Mängel können grundsätzlich zur Abrundung des Gesamturteils auch außerhalb der Fächer Deutsch und Fremdsprachen berücksichtigt werden. Für Abschlussprüfungen ist dies z.T. ausdrücklich in den jeweiligen Ordnungsmitteln geregelt (Beispiel: § 12 Abs. 4 AP-V für die Abiturprüfungen im Bundesland Bremen).

Sonstiges
Dass eine Bewertung nicht davon abhängen darf, ob die Schülerin oder der Schüler bzw. Prüfling einer bestimmten politischen **Partei** angehört, erscheint selbstverständlich.

Wenn mehrere Lehrkräfte (bzw. Prüfende) gemeinsam eine Leistung bewerten müssen, wäre eine Bewertungsentscheidung von sachfremden Erwägungen beeinflusst, wenn eine der **prüfenden Personen entgegen ihrer festen Überzeugung um des lieben Friedens willen einlenkt** und eine schlechtere Note vorschlägt, nur um so eine zunehmende Auseinandersetzung innerhalb des Prüfungsausschusses zu vermeiden.[88]

Als sachfremd muss eine Bewertung auch angesehen werden, wenn sie **widersprüchlich** und **unschlüssig** ist. Zwar darf die Lehrkraft eine Arbeit grundsätzlich streng bewerten – das gehört zu ihrem individuellen Beurteilungsspielraum –, doch darf sie der Schülerin oder dem Schüler gegenüber nicht erklären, dass ihre Bewertung möglicherweise zu streng erfolgt ist. In diesem Fall geht sie über das hinaus, was sie selbst als angemessen ansieht, womit die Bewertung widersprüchlich wird.[89]

Eng mit dem Verbot sachfremder Erwägungen zusammen hängt der Grundsatz, dass eine Leistungsbewertung auch nicht **willkürlich** sein darf. Das ist z. B. dann der Fall, wenn die Lehrkraft in ihrer Bewertung etwas rügt oder als fehlend bewertet, was nach der Lösung gar nicht gefordert war.[90] Auch wäre es willkürlich, wenn zwei Prüflinge bei identischer Punktzahl unterschiedliche Noten erhalten oder wenn ein Fehler innerhalb einer Prüfungsgruppe unterschiedlich gewichtet wird.

2.4.5 *„Das sehe ich ganz anders!"* – fachspezifische Wertungen

PRAXIS BEISPIEL

Politiklehrer P. ist strenger Pazifist. Auf die Klausurfrage, ob die Bundesrepublik Deutschland noch eine Bundeswehr benötige, antwortet Schülerin S. umfänglich und in nachvollziehbarer Weise mit „Ja". P. ist mit dieser Antwort überhaupt nicht einverstanden und bewertet die Aufgabe als sachlich falsch.

Ein weiterer Grundsatz besagt, dass solche Schülerausführungen nicht als falsch bewertet werden dürfen, die erwiesenermaßen richtig oder zumindest inhaltlich vertretbar sind. Diese im Grunde banale Feststellung mag möglicherweise erstaunen, denn eigentlich sollte es doch selbstverständlich sein, dass inhaltlich zutreffende Antworten auch als solche gewertet werden müssen. Probleme werfen jedoch immer wieder solche Ausführungen auf, bei denen nicht so sehr der absolute Wahrheitsgehalt im Vordergrund steht (Beispiel: „Der Bau der Berliner Mauer begann am 13. August 1961."), sondern vielmehr ein bestimmtes Dafürhalten bzw. die Meinung einer Schülerin oder eines Schülers zu einer konkreten Fragestellung (Beispiel: „Der Bau der Berliner Mauer war aus meiner Sicht genau richtig, um die zunehmende Abwanderung aus der DDR aufzuhalten."). Bei den hier vorzunehmenden **fachspezifischen bzw. tatsachenspezifischen Wertungen** darf die Lehrkraft die begründete Meinung nicht ohne weiteres als falsch bewerten, nur weil sie selbst möglicherweise eine andere Ansicht vertritt. Tut sie es trotzdem, so verstößt sie gegen den **Antwortspielraum der Schülerin bzw. des Schülers.**

Die Rechtsprechung weist immer wieder darauf hin, dass bei fachspezifischen Ausführungen des Prüflings für einen individuellen Beurteilungsspielraum der Lehrkraft kein Raum sei: „Der Bewertungsspielraum erstreckt sich (…) nicht auf fachliche Wertungen des Prüfers, d. h. auf dessen Entscheidungen über die fachliche Richtigkeit konkreter Ausführungen des Prüfungsteilnehmers. Hierbei handelt es sich um Stellungnahmen zu Fachfragen, die einer fachwissenschaftlichen Erörterung zugänglich sind. Deren Bewertung hängt davon ab, ob die vom Prüfungsteilnehmer vertretene Auffassung nach dem Stand der Fachwissenschaft vertretbar ist. Dieser objektive Bewertungsmaßstab tritt für die Beantwortung von Fachfragen an die Stelle der autonomen Einschätzung des Prüfers. Der Prüfer muss den Maßstab beachten; er darf fachlich vertretbare Antworten nicht als falsch bewerten."[91]

Für den Bereich formeller Abschlussprüfungen ist damit festzuhalten, dass eine fachlich richtige oder doch **zumindest vertretbare Ausführung** des Prüflings nicht als falsch bewertet werden darf. Für die Beantwortung der Frage, was fachlich noch vertretbar ist, muss gegebenenfalls auf Fachgutachten zurückgegriffen werden. Die Grenzen des Vertretbaren ergeben sich ferner aus rechtlichen Normen (Beispiel: Die individuelle Meinungsfreiheit endet dort, wo andere Personen oder Personengruppen beleidigt oder in der Ehre herabgesetzt werden, §§ 185ff. StGB).

Wenn und soweit eine Ausführung eines Prüflings als (zumindest) vertretbar angesehen werden muss, so darf die Lehrkraft sie **nicht** im Rahmen der Bewertung **abwerten**, weil sie nicht die ideale Lösung darstellt, denn dann hätte sie nicht den Antwortspielraum des Prüflings beachtet.[92] Selbstverständlich ist es aber möglich, eine eventuell fehlende Stringenz oder eine unzureichende Begründung im Rahmen der prüferspezifischen Wertungen (dazu sogleich) negativ zu berücksichtigen.

Für **alltägliche schulische Leistungsbeurteilungen** wie Klassenarbeiten oder Klausuren wird man diesen Grundsatz richtigerweise ein wenig einschränken müssen: Zwar dürfen auch hier unumstößliche Tatsachen sicherlich nicht als falsch bewertet werden, allerdings kann es auf die Frage nach einer zumindest vertretbaren Lösung nicht ankommen. Da die regelhaften Leistungsüberprüfungen vor allem das Ziel verfolgen, eine Rückmeldung über den Lernerfolg von Schülerinnen und Schülern zu einer bestimmten Unterrichtssequenz zu geben, muss eine Lehrkraft auch eine bestimmte Art der Beantwortung bzw. einen bestimmten Lösungsweg verlangen können (Beispiel: Im Fach Mathematik soll ein Ergebnis mit Hilfe eines bestimmten Lösungsverfahrens ermittelt werden, obwohl auch andere Lösungswege möglich wären).[93] Der Lehrkraft wäre nicht damit geholfen, wenn jemand – möglicherweise sogar zufällig – zwar zur richtigen Lösung kommt, dazu jedoch nicht auf ein Verfahren zurückgreift, welches Gegenstand des Unterrichts war. In diesem Fall könnte die Lehrkraft gerade keine Rückmeldung über den Lernerfolg treffen.

2.4.6 *„Alles ganz schön unstrukturiert!"* – prüferspezifische Wertungen

PRAXIS BEISPIEL

Schüler S. wendet sich gegen das Gesamtergebnis seiner Abiturprüfung, da er mit der Note im Leistungskurs Wirtschaft nicht einverstanden ist. Gemäß dem Gutachten hätten die Prüfer bemängelt, dass die von der Prüfungsaufgabe aufgeworfenen Fragen nur unvollständig und lückenhaft beantwortet worden wären. Das sähen er und sein Vater doch vollkommen anders (in Anlehnung an *BVerwG*, Beschl. v. 5.3.2018 – 6 B 71.17 = NJW 2018, S. 2142 = juris).

Nun kommen wir zu dem Teil des Beurteilungsvorgangs, für den ein individueller Beurteilungsspielraum der Lehrkraft (bzw. der prüfenden Person) anerkannt wird. Hierbei geht es um solche Wertungen, bei denen nicht die fachliche Richtigkeit oder Vertretbarkeit einer Ausführung im Vordergrund steht, sondern weniger greifbare bzw. weiche Qualitätsmerkmale zu bewerten sind. Die Rechtsprechung bezeichnet diese als **prüfungsspezifische**

(oder besser: prüferspezifische) Wertungen. Dabei geht es insbesondere um folgende Bewertungskriterien[94]:

Übersicht 5: Prüferspezifische Wertungen

- Bestimmung des Schwierigkeitsgrads der Aufgabenstellung
- Erfassung der Aufgabe durch die Schülerin oder den Schüler
- Bewertung des Aufbaus und der Darstellung der Arbeit
- Grad der Bearbeitung einer Aufgabe (vollständig oder eher lückenhaft)
- Bewertung der Überzeugungskraft der vorgetragenen Argumente
- Folgerichtigkeit des Begründungsvorgangs
- Qualität der Darstellung
- Gewichtung der Schwere einzelner Fehler
- Gewichtung von Folgefehlern
- Gewichtung der Vorzüge und Mängel

Die soeben aufgezeigten prüferspezifischen Wertungen liegen im Beurteilungsspielraum der Lehrkräfte, d.h., auch die Widerspruchsbehörde und die Verwaltungsgerichte sind daran gebunden. Etwas anderes gilt nur, wenn die individuellen Wertungen und Gewichtungen der Lehrkraft nicht **nachvollziehbar** und **transparent** sind oder wenn die vorgenommene Bewertung inhaltliche Widersprüche aufweist. Davon wäre beispielsweise dann auszugehen, wenn die Lehrkraft ihre autonomen Bewertungsmaßstäbe nicht einheitlich für alle Schülerinnen und Schüler anwendet. In den vorgenannten Fällen hätte die Lehrkraft ihren Wertungsspielraum überschritten und es läge eine fehlerhafte Leistungsbeurteilung vor.

Im **Praxisbeispiel** hat daher das *BVerwG* die Klage richtigerweise als unbegründet abgewiesen, da sich der Vorwurf gegen eine prüferspezifische Wertung richtete und Anhaltspunkte für einen Wertungsverstoß nicht erkennbar waren.

2.4.7 Zur Zulässigkeit eines Notenschutzes

PRAXIS BEISPIEL

Schüler R. leidet unter einer besonders schweren Form einer Lese- und Rechtschreibschwäche (Legasthenie). Vor Beginn der Qualifikationsphase 1 stellt er bei seiner Schule einen Antrag auf Notenschutz, damit in den prüfungsrelevanten Leistungskontrollen sowie in den schriftlichen Abiturklausuren seine Rechtschreibung nicht gewertet wird.

Sinn und Zweck

Während es beim Nachteilsausgleich in erster Linie darum geht, im Hinblick auf die Erbringung einer bestimmten Leistung „Waffengleichheit“

zwischen einem beeinträchtigten und einem nicht beeinträchtigten Kind oder Jugendlichen herzustellen, ist mit dem Notenschutz ein anderes Ziel verbunden: Hier sollen nämlich für einen bestimmten Prüfling nicht nur die äußeren Rahmenbedingungen der Leistungserbringung (Beispiel: Einräumung einer Zeitverlängerung) angepasst werden, sondern es geht um eine **Veränderung der Bewertungsmaßstäbe**.

In seiner grundlegenden Entscheidung zum Notenschutz in Abiturprüfungen erklärt dazu das *BVerwG*[95]: „Schulische Abschlussprüfungen sind regelmäßig dazu bestimmt festzustellen, ob die Prüflinge über bestimmte Kenntnisse und Fähigkeiten verfügen, die zum Besuch einer weiterführenden Schule, zur Aufnahme einer Berufsausbildung oder zur Ausübung eines Berufs erforderlich sind. Aus diesem Prüfungszweck folgt, dass der Prüfungserfolg davon abhängt, ob und in welchem Maß bestimmte allgemein gültige Leistungsanforderungen erfüllt werden. Gelingt dieser Nachweis nicht, ist die Prüfung nicht bestanden, ohne dass es auf die Gründe ankommt. Dementsprechend werden die Prüfungsleistungen nach einem Maßstab bewertet, der keine Rücksicht darauf nimmt, aus welchen Gründen allgemein geltende Leistungsanforderungen nicht erfüllt werden. Es dient der Wahrung der Chancengleichheit nach Art. 3 Abs. 1 i.V.m. Art. 12 Abs. 1 GG, diesen Maßstab einheitlich an alle Prüfungsleistungen anzulegen, um aufgrund von Bewertungsrelationen zwischen den Leistungen die für die Notenbildung unverzichtbaren Mindest- und Durchschnittsanforderungen zu bestimmen.

Davon macht der Notenschutz Ausnahmen: Er trägt dem Umstand Rechnung, dass es Prüflingen subjektiv unmöglich ist, bestimmten Leistungsanforderungen zu genügen. Zu ihren Gunsten wird auf die einheitliche Anwendung des allgemeinen Maßstabs der Leistungsbewertung verzichtet. Entweder werden die subjektiv nicht zu erfüllenden Anforderungen nicht gestellt oder die Nichterfüllung wird nicht bewertet, sodass die Prüflinge insoweit keine Kenntnisse und Fähigkeiten nachweisen müssen. Auch kann der Nichterfüllung bestimmter Anforderungen bei der Leistungsbewertung ein geringeres Gewicht beigemessen werden. Maßnahmen des Notenschutzes führen zwangsläufig zu einer erheblichen Verbesserung der Erfolgschancen in der Prüfung. Unter Umständen eröffnet ein individuell angepasster Maßstab Prüflingen erst eine reelle Möglichkeit, die Prüfung zu bestehen oder ein mehr als ausreichendes Ergebnis zu erzielen. Demnach stellt Notenschutz unter dem Aspekt der Chancengleichheit stets eine Bevorzugung derjenigen Prüflinge dar, denen er gewährt wird."

Aufgrund dessen, dass der Notenschutz immer zu einer Besserstellung gegenüber anderen Prüflingen führt, ist für diese Ungleichbehandlung eine **hinreichende gesetzliche Grundlage** (sogenannter **Gesetzesvorbehalt**) zwingend notwendig: „Entscheidungen über die Gewährung von Notenschutz und dessen inhaltliche Ausgestaltung", so führt das *BVerwG* weiter aus, „[unterfallen, d. V.] jedenfalls für schulische Abschlussprüfungen dem Gesetzesvorbehalt. Einerseits verbessert der Notenschutz die Erfolgschancen von Schülern mit Behinderung; er dient der Förderung ihrer grundrechtlich geschützten schulischen und beruflichen Entfaltungs- und Betätigungsmöglichkeiten (...). Andererseits müssen die Auswirkungen des Notenschutzes auf die Chancengleichheit und auf die schulischen Ausbildungsziele in Erwägung gezogen werden. Die Einführung des Notenschutzes hat stets Auswirkungen auf die Aussagekraft des Schulabschlusses, der durch das Abschlusszeugnis dokumentiert wird. Je weiter der Notenschutz reicht, desto mehr wird auf einheitliche Lernziele, Leistungsanforderungen und ein einheitliches Qualifikationsniveau der Schulabschlüsse zugunsten einer begabtengerechten Förderung verzichtet. So wird durch den Verzicht auf die Bewertung von Rechtschreibleistungen in Abiturprüfungen auf den Nachweis einer Fähigkeit verzichtet, die als grundlegend für eine akademische Ausbildung angesehen wird (...)."

Mit anderen Worten: Soweit es keine speziellen landesrechtlichen Regelungen zum Notenschutz gibt, hat eine Schüler oder ein Schüler nach der Rechtsprechung des *BVerwG* nicht ohne weiteres einen Anspruch auf die Gewährung eines Notenschutzes. Da sich ein solcher Anspruch nicht selbst aus dem Verfassungsrecht ergäbe, müssen die einzelnen Bundesländer entsprechende Rechtsgrundlagen selbst schaffen, bevor sich jemand auf einen Notenschutz berufen kann. Dieser Ansicht ist zuzustimmen, soweit es sich im schulischen Bereich um Abiturprüfungen oder um berufsöffnende Prüfungen an den berufsbildenden Schulen (Beispiel: Prüfung zur staatlich anerkannten Erzieherfachkraft) handelt. Für zentrale Abschlussprüfungen am Ende der Sekundarstufe I, an denen Jugendliche in der Regel aufgrund ihrer noch bestehenden Schulpflicht teilnehmen müssen, sollte etwas anderes gelten und ein verfassungsrechtlicher Anspruch mit Blick auf Art. 2 Abs. 1 und Art. 12 Abs. 1 GG losgelöst vom Vorliegen landesrechtlicher Regelungen gewährt werden.

Formen

Wie soeben bereits angesprochen, geht es bei dem Notenschutz um eine Veränderung derjenigen Beurteilungsmaßstäbe, die sonst für alle anderen

Prüflinge Gültigkeit haben. Die praktische Umsetzung kann dadurch erfolgen, dass entweder die von der Person subjektiv nicht zu erfüllenden **Leistungsanforderungen nicht gestellt** werden (Beispiele: keine Berücksichtigung mündlicher Unterrichtsleistungen bei Mutismus, Verzicht auf Prüfungsteile zum Hörverstehen bei Hörschädigungen) oder dass – wie in dem Ausgangsfall – deren Nichterfüllung **nicht oder lediglich mit einem geringeren Gewicht bewertet** wird.

Voraussetzungen

Die Einräumung eines Notenschutzes ist als ultima ratio einerseits immer nur dann zulässig, wenn eine Anpassung der Rahmen-/Prüfungsbedingungen im Wege eines Nachteilsausgleichs nicht ausreichen würde, eine vorhandene Beeinträchtigung auszugleichen (**Erforderlichkeit**). Von der Schülerin bzw. dem Schüler wird insoweit verlangt, dass sie oder er die gewährten Erleichterungen zunächst einmal zweckgerecht in vollem Umfang nutzt, bevor sie oder er geltend macht, sie seien unzureichend. Wird also beispielsweise eine verlängerte Vorbereitungs- und Arbeitszeit eingeräumt, dann muss die betreffende Person diese auch in Anspruch nehmen und ausschöpfen, bevor sie aufgrund ihrer Unzulänglichkeit weitergehende Maßnahmen für sich beansprucht. Etwas anderes gilt nur dann, wenn der gewährte Nachteilsausgleich offensichtlich nicht ausreicht, eine vorhandene Beeinträchtigung zu kompensieren.

Andererseits muss bei der Schülerin oder dem Schüler ein **Dauerleiden** vorliegen, welches die Darstellung der vorhandenen Fähigkeiten nicht nur temporär beeinträchtigt. Typischerweise zählen hierzu körperlich-motorische Beeinträchtigungen, Hörschädigungen, Blindheit, Mutismus und vergleichbare Beeinträchtigungen in der Sprache und im Sprechen, Autismus mit kommunikativer Sprachstörung sowie erhebliche Schwierigkeiten im Lesen und beim Rechtschreiben. Bei akuten kurzfristigen Gesundheitsstörungen kommt ein Notenschutz in der Regel nicht in Betracht, sondern allenfalls der Rücktritt von einem Prüfungsteil.

Ferner darf die Veränderung eines Bewertungsmaßstabs nicht dazu führen, dass die **wesentlichen Kenntnisse, Fähigkeiten und Fertigkeiten**, die mit dem erstrebten Abschluss bescheinigt werden sollen, nicht mehr nachgewiesen werden können. Geht es beispielsweise um eine berufsöffnende Prüfung zum Rechtsanwalts- und Notargehilfen, dann darf kein Notenschutz aufgrund einer erheblichen Lese- und Rechtschreibschwäche gewährt werden, da es ja gerade ein wesentliches Prüfungsziel ist, die Fertigkeiten der Prüflinge im Lesen und Rechtschreiben abzuprüfen.

Schließlich ist zu beachten, dass zum Notenschutz **kein zusätzlicher Nachteilsausgleich** eingeräumt werden darf, denn anderenfalls läge eine doppelte Bevorzugung der beeinträchtigten Person vor. Mit guten Gründen wird man hiervon bei Vorliegen einer erheblichen Lese- und Rechtschreibschwäche (Legasthenie) jedoch eine Ausnahme machen müssen: Menschen mit Legasthenie benötigen überdurchschnittlich viel Zeit, um schriftliche Texte aufzunehmen, zu verarbeiten und ihre Gedanken aufzuschreiben. Hinzu kommt eine Rechtschreibschwäche, denn die Rechtschreibung ist bei diesen Personen überdurchschnittlich fehlerbehaftet. Auch wenn somit die Rechtschreibleistungen in einer Prüfung oder in prüfungsrelevanten Leistungen nicht gewertet werden (Notenschutz), ist dem Prüfling damit allein nicht geholfen. Er muss vielmehr auch die Chance erhalten, seine vorhandenen Kenntnisse und Fähigkeiten in weitreichendem Umfang schriftlich darzulegen, was nur mit Hilfe einer zusätzlichen Schreibverlängerung (Nachteilsausgleich) erreicht werden kann. Mit der verlängerten Bearbeitungszeit soll die langsamere Lese- und Schreibgeschwindigkeit, nicht aber die Rechtschreibschwäche kompensiert werden.

2.5 Phase der Leistungsinterpretation

2.5.1 Zuordnung der Leistung zu einer bestimmten Note

PRAXIS BEISPIEL

Schüler S. wendet sich gegen die Bewertung seiner Mathematikarbeit im Rahmen der Zentralen Abschlussprüfungen. Er wäre überhaupt nicht damit einverstanden, dass er für Aufgabe 1c) lediglich 1,5 von 3 Bewertungspunkten erhalten habe. Zwar habe er bei dieser Aufgabe Rundungsfehler gemacht, allerdings wäre der von der Lehrerin vorgenommene Punktabzug viel zu hoch und unangemessen (nach *OVG Nordrhein-Westfalen*, Beschl. v. 15.11.2021 – 19 E 815/20 = juris).

Nachdem eine erbrachte Leistung inhaltlich auf ihre Güte hin beurteilt wurde, geht es in einem weiteren Schritt darum, diese mit Blick auf eine bestimmte Notenskala zu interpretieren. Auch dieser Vorgang fällt aus rechtlicher Sicht in den **individuellen Beurteilungsspielraum** der Lehrkraft: Bei schulalltäglichen Leistungsüberprüfungen kann sie daher autonom darüber befinden, wie viele *Teilpunkte* jemand für die Bearbeitung einer Aufgabe erhält, welches *Gewicht* die einzelnen Teilaufgaben innerhalb der Leistungsüberprüfung haben und welche *Gesamtnote* daraus resultiert. Diese Grundsätze gelten auch für Prüfungsformate, wobei hier aber natürlich eventuelle Bewertungsvorgaben aus den Erwartungshorizonten o. ä. zu berücksichtigen sind.

Im Hinblick auf die **Grenzen** des Interpretationsspielraums gilt das bereits zu den prüferspezifischen Wertungen Gesagte: Die Wertungen und Gewichtungen der Lehrkraft müssen für Dritte – und vor allem natürlich für die Schülerinnen und Schüler – nachvollziehbar und transparent sowie frei von inhaltlichen Widersprüchen sein. Insbesondere ist auch wichtig, dass die Interpretation der Bewertung bzw. die Begründung der Bewertung mit der jeweiligen Notendefinition im Einklang steht (vgl. insoweit den KMK-Beschluss über die Erläuterung der Notenstufen).

Im **Praxisbeispiel** hat das *OVG Nordrhein-Westfalen* daher die Klage des Schülers als unbegründet zurückgewiesen: Sein „Einwand betrifft die gerichtlich nicht überprüfbare (…) Wertung der Fachlehrerin, Rundungsfehler nicht nur in Zwischenergebnissen, sondern auch im Endergebnis als Fehler zu bewerten."

2.5.2 Kooperativ erbrachte Schülerleistungen (Gruppenarbeiten)

Bei der Beurteilung einer kooperativ erbrachten Leistung kommt es darauf an, dass die (Teil-)Leistung eines jeden Gruppenmitglieds deutlich von den anderen Leistungen abgrenzbar und individuell zurechenbar ist.

Dieser Grundsatz hat große Bedeutung für **Projektarbeiten**, die in der Regel von Kleingruppen angefertigt werden. Sofern es sich bei dem jeweiligen Produkt um eine schriftliche Ausarbeitung handelt, muss hinreichend deutlich gemacht werden, wer für welchen Teil inhaltlich verantwortlich ist. Eine solche eindeutige Abgrenzung liegt zumindest dann vor, wenn die Arbeit nach Abschnitten äußerlich aufgeteilt ist. Ein allgemeiner Hinweis auf dem Deckblatt über die Autorenschaft der Arbeit genügt hingegen nicht. Bei sonstigen Produkten (Beispiel: Film, Skulptur, Theaterstück) ergibt sich eine solche inhaltliche Zuordnung erst aus weiteren Aspekten, wie beispielsweise Reflexionsberichten oder Kolloquien.

2.5.3 *Exkurs:* Gütekriterien diagnostischer Urteile

Zum Abschluss dieses Kapitels wollen wir kurz die rechtliche Perspektive von Leistungsbeurteilungen verlassen und uns noch einmal vergegenwärtigen, unter welchen Voraussetzungen die Bewertungen auch von hoher diagnostischer Qualität sind. Klassischerweise[96] wird hierfür auf die Trias **Objektivität**, **Reliabilität** und **Validität** abgestellt – Anforderungen, die eigentlich aus der psychologischen Testtheorie stammen, jedoch grosso modo auch für schulische Leistungsbewertungen gelten können:

Objektivität
Eine Beurteilung ist dann objektiv, wenn sie unabhängig von der jeweiligen beurteilenden Person ist bzw. wenn auch andere Beurteilende zu demselben Ergebnis käme. Mit Blick auf die Phase der Leistungsbewertung wäre also zu prüfen, ob andere Kolleginnen und Kollegen vergleichbare Bewertungskriterien anwenden und ob sie in der Phase der Leistungsinterpretation sodann zu denselben Schlussfolgerungen (d. h. zu derselben Endnote) kommen (man spricht insoweit auch von der **Auswertungs-** und **Interpretationsobjektivität**).

Reliabilität
Ein Bewertungsurteil ist unter anderem dann reliabel (oder: zuverlässig, genau), wenn es auch nach Ablauf einer bestimmten Zeit identisch ausfällt. Neben dieser **Retest-(Wiederholungs-)Reliabilität** werden in der klassischen Testtheorie noch weitere Verfahren unterschieden, welche an dieser Stelle jedoch ausgeblendet werden sollen. Auch wenn es der Lehreralltag häufig unter zeitlichen Gesichtspunkten nicht hergibt, so sollte man tatsächlich einmal die Probe aufs Exempel machen und eine Klassenarbeit oder Klausur nach einigen Monaten erneut korrigieren und bewerten. Es ist sehr zu vermuten, dass das Bewertungs- bzw. Interpretationsergebnis nicht identisch sein wird.

Validität
Das dritte klassische Gütekriterium ist die Gültigkeit eines Urteils. Ganz allgemein wird danach gefragt, ob sich das Urteil wirklich nur auf diejenigen Merkmale bezieht, die auch Gegenstand der Beurteilung sein sollen. Die Forschung konnte in den letzten Jahren sehr deutlich zeigen, dass Lehrerurteile hier häufig verzerrt sind und wenig Gültigkeit im Sinne der Testtheorie haben. Zu den typischen **Urteilsfehlern** zählt gewiss die Tendenz, dass von einem bestimmten Merkmal (bewusst oder unbewusst) auf ein anderes geschlossen wird: Trotz einer weitgehend vergleichbaren Leistung werden beispielsweise Kinder aus sozial-ökonomisch benachteiligten Schichten in der Regel schlechter bewertet als Kinder aus gehobenen Schichten oder Mädchen werden günstiger beurteilt als Jungen. Das alles sind keine Neuigkeiten – umso problematischer erscheint es jedoch, dass die notwendige Sensibilisierung für solche Urteilstendenzen weder im Rahmen der ersten Phase der Lehrerausbildung (Studium) noch in der zweiten (Referendariat) einen gebührenden Platz hat, ganz zu schweigen von Fortbildungen für ausgebildete Lehrkräfte.

2.6 Einzelfragen zu schulalltäglichen Leistungskontrollen

2.6.1 Anzahl von Leistungskontrollen pro Woche und Tag

Kommen wir gleich zu Beginn dieses Abschnitts gewissermaßen zu einem „Klassiker" des Schulalltags: Wie viele Leistungsüberprüfungen dürfen pro Woche und Schultag durchgeführt werden? Sofern es innerhalb einer Schule vorausschauend aufgestellte Klassenarbeits- und Klausurenpläne für ein Schul(halb)jahr gibt, tauchen zunächst keine größeren Probleme auf. Spätestens, wenn es solche Pläne entweder nicht gibt oder aber Lehrkräfte beispielsweise nach einer längeren Abwesenheit verpflichtende Leistungsüberprüfungen noch nachholen müssen, sind Konflikte aber häufig vorprogrammiert.

Die Antwort auf die Frage nach der zulässigen Höchstzahl schriftlicher, mündlicher und anderer fachspezifischer Leistungskontrollen ist am Kriterium der **Zumutbarkeit bzw. der Verhältnismäßigkeit** zu messen – und da sich das individuell Zumutbare vor allem nach dem Alter und dem Entwicklungsstand der Kinder und Jugendlichen richtet, kommt man zwangsläufig für die einzelnen Jahrgangsstufen zu unterschiedlichen Ergebnissen. Soweit die landesrechtlichen Vorschriften hierzu keine ausdrücklichen Regelungen treffen oder sich Schulen im Rahmen ihrer Selbstverwaltung eigene verbindliche Regelungen geben wollen, gilt das Folgende:

Anzahl pro Woche

In der **Primarstufe** liegt die Höchstgrenze bei zwei, in den weiterführenden Schulen **ab Jahrgangsstufe 5** sind pro Schulwoche höchstens drei zu benotende Leistungsüberprüfungen zumutbar. Hierbei macht es zum einen keinen Unterschied, ob es sich um reguläre Klassenarbeiten und Klausuren handelt oder beispielsweise um Klausurersatzleistungen wie Präsentationen im Rahmen von Projekt- oder Profilarbeiten. Zum anderen darf die Höchstgrenze nicht deshalb überschritten werden, weil eine Schülerin oder ein Schüler noch eine Leistungsüberprüfung nachholen muss („Nachschreiber"). Für Schülerinnen und Schüler mit einer sonderpädagogischen Förderung (Beispiel: Lernbehinderung) können im Einzelfall Abweichungen geboten sein.

Anzahl pro Schultag

In allen Schulstufen ist grundsätzlich nur **eine zu benotende Leistungsüberprüfung pro Schultag** zulässig. Auch hier kommt es weder auf die Art der Leistungsbeurteilung an noch darauf, ob es sich um „Nachschreiber" handelt. Bei der Prüfung von Ausnahmen (etwa an Berufsschulen mit lediglich zweitägiger Beschulung innerhalb der Woche) muss die Schulleitung sehr restriktiv sein, da Leistungsüberprüfungen den Schultag nicht maßgeblich prägen sollen und eventuelle Planungsdefizite nicht zu Lasten der Klassen gehen dürfen. Bei der Abwägung muss das Wohl der Schülerinnen und Schüler im Vordergrund stehen, organisatorische Belange der Schule wie Termine für das Noteneintragen müssen grundsätzlich zurücktreten.

2.6.2 Nachholen einer versäumten Leistungskontrolle

Immer wieder kommt es im Schulalltag vor, dass ein Kind an einer Klassenarbeit oder an anderen Leistungsüberprüfungen nicht teilnehmen kann. Das Nachholen ist zumindest immer dann geboten, wenn die betreffende Person aus solchen Gründen nicht an der regulären Leistungskontrolle teilnehmen konnte, die sie **nicht zu vertreten** hat. Dazu zählen beispielsweise Krankheit oder außergewöhnliche Witterungsumstände. Für diese Leistungsüberprüfungen ist dann sicherzustellen, dass sie von ihrem Schwierigkeitsgrad und ihrem Umfang her der früheren Leistungskontrolle entsprechen. Mit dem *OVG Bremen* wird man fordern müssen, dass das Nachschreiben **nicht unmittelbar am ersten Tag der Rückkehr** nach einer Erkrankung erfolgt, da Gelegenheit gegeben werden muss, sich angemessen vorzubereiten.[97] Das *OVG Saarlouis* hat in diesem Zusammenhang entschieden, dass für eine Schülerin oder einen Schüler grundsätzlich **kein Anspruch auf das Nachholen** einer versäumten Leistungskontrolle besteht.[98] Diese Ansicht erscheint nicht unproblematisch, da schriftliche und praktische Leistungskontrollen naturgemäß ein wesentliches Element einer (Halbjahres-)Endnote darstellen und sie gerade auch für solche Kinder und Jugendlichen von großer Bedeutung sind, die sich im Unterricht eher zurückhalten und ihre fachlichen Stärken besser in schriftlichen Leistungsüberprüfungen zeigen können. Vor diesem Hintergrund sollte denjenigen, die aus nicht zu vertretenden Gründen einer Leistungsüberprüfung fernbleiben, zumindest einmal ein Anspruch auf Nachschreiben zugebilligt werden, ggf. im Rahmen eines schuleinheitlichen und lerngruppenübergreifenden Termins.[99]

2.6.3 Leistungsverweigerungen („Schwänzen")

Zunächst ist denkbar, dass es bei einer Leistungskontrolle zu einer Leistungsverweigerung einer Schülerin oder eines Schülers kommt. Eine solche

Leistungsverweigerung liegt vor, wenn die Person die Leistungsüberprüfung ohne triftigen Grund versäumt, nur ein leeres Blatt abgibt bzw. sich absichtlich völlig teilnahmslos verhält und alle Bemühungen der Lehrkraft zur Mitarbeit missachtet. Hat das Kind bzw. der Jugendliche die Leistungsverweigerung zu vertreten, so ist die schriftliche Lernkontrolle wie eine ungenügende Leistung mit der Note Sechs (bzw. null Punkte) zu werten.[100]

Hindern Krankheit oder andere zwingende Gründe jemanden daran, an einer Leistungsüberprüfung teilzunehmen, so haben die Erziehungsberechtigten (oder bei Volljährigkeit: der Jugendliche selbst) dies unverzüglich unter Angabe der Gründe der Schule mitzuteilen. Ob das Fehlen entschuldigt wird, entscheidet grundsätzlich die Schule (bzw. die jeweilige Lehrkraft) aufgrund der vorgetragenen Begründung, nicht jedoch die Eltern oder die Schüler. Zur Erkrankung im Falle einer formalen Prüfung vgl. weiter unten unter 2.7.1 Rücktritt wegen Krankheit und Anderem.

2.6.4 Nachträgliche Notenanpassungen

PRAXIS BEISPIEL Nachdem Lehrerin D. die Mathematikarbeiten bereits an die Klasse zurückgegeben hat, stellt sie bei der anschließenden Besprechung fest, dass sie bei Schüler F. einen Fehler übersehen hat. D. möchte – im Gegensatz zu F. – den Fehler noch nachträglich berücksichtigen, wodurch sich die Klassenarbeitsnote von Vier auf Fünf verschlechtern würde.

Es kann vorkommen, dass eine Lehrkraft nach der Benotung und der Rückgabe einer Arbeit feststellt, dass sie sich bei der Bewertung zugunsten einer Schülerin oder eines Schülers geirrt hat (Beispiel: Irrtum bei der Addition der jeweils erreichten Punkte). Das *OVG Nordrhein-Westfalen*[101] hat hierzu bereits im Jahr 1967 erklärt, dass eine dem Kind und seinen Erziehungsberechtigten bekanntgegebene Einzelnote nicht mehr verändert werden darf und von der Fachlehrkraft und der Klassenkonferenz bei nachfolgenden Gesamtbeurteilungen (Beispiel: Versetzungsentscheidungen) als festliegender Bewertungsansatz berücksichtigt werden muss.

Dieser Ansicht kann in ihrer Pauschalität so nicht gefolgt werden[102]: Auch wenn es sich bei einzelnen Leistungskontrollen um keine „Verwaltungsakte" im verwaltungsrechtlichen Sinne, sondern nur um „Realakte" handelt (vgl. dazu näher unter 7.1 Leistungsbeurteilungen als Real- oder Verwaltungsakte), muss der Rechtsgedanke des § 48 VwVfG herangezogen werden. Danach kann – verkürzt ausgedrückt – ein rechtswidriger begünstigender Verwaltungsakt zurückgenommen werden, sofern nicht besondere Gesichtspunkte des Vertrauensschutzes entgegenstehen. Hiervon kann im schulischen Bereich dann keine Rede sein, wenn die Lehrkraft ihren Fehler zeitnah nach der Rückgabe einer Klassenarbeit bemerkt und ihn korrigieren will.

2.6.5 Verspätete Abgabe von Leistungskontrollen

PRAXIS BEISPIEL

Die Eltern von Schülerin H. wenden sich gegen die Nichtversetzung in die 7. Jahrgangsstufe. Zur Begründung führen sie an, dass die Note „mangelhaft" im Fach Biologie falsch zustande gekommen sei: Ihre Tochter habe der Biologielehrerin zwar nach „Notenschluss", jedoch noch rechtzeitig vor der Zeugnis- bzw. Versetzungskonferenz ein anzufertigendes Herbarium vorgelegt, das in die Gesamtbewertung hätte einbezogen werden müssen (*OVG Sachsen-Anhalt*, Beschl. v. 11.3.2015 – 3 M 9/15 = juris).

Wird der Klasse ein Termin genannt, bis zu dem sie eine bestimmte Leistungskontrolle (Beispiel: schriftliche Hausarbeit, Projektarbeit) abgeben muss, so geht eine verspätete Abgabe grundsätzlich zu ihren Lasten.

Das gilt wie in dem **Praxisbeispiel** auch für solche Leistungen, die nach dem „Notenschluss" und vor den Zeugnis- bzw. Versetzungskonferenzen nachgereicht werden: „Zwar kann es im Einzelfall geboten sein, dass noch nach Notenschluss erbrachte Leistungen in eine Leistungsbewertung für ein Halbjahres- bzw. Jahreszeugnis einzubeziehen sind. Im Hinblick auf die (…) dargestellten Maßstäbe zur Wahrung der Chancengleichheit innerhalb einer Gruppe von Schülern kann eine Verpflichtung zur Berücksichtigung von ‚nachgereichten' Arbeiten jedoch allenfalls dann bestehen, wenn ein Schüler aus von ihm nicht zu vertretenden Gründen keine bzw. keine ausreichende Gelegenheit hatte, schriftliche oder mündliche Leistungsnachweise zu erbringen."

2.6.6 Leistungskontrollen nach dem Antwort-Wahl-Verfahren

PRAXIS BEISPIEL

Lehrer H. lässt einen Lesekompetenztest mit teilweiser Aufgabenstellung nach dem Antwort-Wahl-Verfahren („multiple choice"-Verfahren) durchführen. Die Schülerin G. erreicht nur 19 von 39 Punkten. Die Eltern halten diese Form der Leistungsüberprüfung im schulischen Bereich für gänzlich ungeeignet. Zur Begründung führen sie an, dass Prüfungen nach dem Antwort-Wahl-Verfahren vor allem universitäre Anwendung fänden und aufgrund ihrer Komplexität und Fehleranfälligkeit nicht in Schulen eingesetzt werden dürfen (in Anlehnung an *OVG Lüneburg*, Beschl. v. 20.3.2008 – 2 ME 83/08 = juris).

Leistungsüberprüfungen nach dem „multiple choice"-Verfahren kommen auch im schulischen Bereich immer wieder zum Einsatz. Für ihren Hauptanwendungsbereich – medizinische und pharmazeutische Prüfungen an Universitäten und Hochschulen – hat die Rechtsprechung eine Vielzahl von verbindlichen Kriterien formuliert, die zwingend bei der Durchführung dieses besonderen Prüfungsverfahrens beachtet werden müssen (Beispiel: Vorhandensein konkreter Durchführungsbestimmungen in den einzelnen Prüfungsordnungen).

Für schulische Leistungsüberprüfungen gelten diese strengen Bestimmungen richtigerweise jedoch nicht, denn „im Unterschied zu Hochschulprüfungen zielen schulische Leistungsbewertungen nicht unmittelbar und nicht ausschließlich darauf ab, die spezielle berufliche Befähigung der Prüfungskandidaten festzustellen. Bei schulischen Prüfungen spielt immer auch ein pädagogisches Element eine Rolle (…).“[103] Für die **Schulpraxis** hat das zur Konsequenz, dass sehr wohl auch Leistungskontrollen nach dem Antwort-Wahl-Verfahren durchgeführt werden können. Es liegt im individuellen Beurteilungsspielraum des Lehrers, hierfür ein transparentes und nachvollziehbares Bewertungssystem anzuwenden; an die strikten Vorgaben der Rechtsprechung für berufliche Zugangsprüfungen ist er jedenfalls nicht gebunden.[104]. Allerdings wird man auch im schulischen Bereich ein besonderes Augenmerk auf die Geeignetheit der jeweiligen Aufgabenstellungen legen müssen.

2.6.7 Zulässigkeit von Notenspiegeln

PRAXIS BEISPIEL

Nach der Rückgabe von Leistungskontrollen notiert Lehrer N. stets deren jeweiligen Ausfall in der Form eines Notenspiegels an der Tafel, der sodann von den Schülerinnen und Schülern abzuschreiben ist. Die Eltern von Schüler S. sind damit aus Gründen des Datenschutzes nicht einverstanden: Da S. ein eher schwacher Schüler ist und häufiger schlechte Leistungen erbringt, könnten sowohl die anderen aus der Klasse als auch deren Eltern durch den Notenspiegel sofort erahnen, wer wieder einmal das „Schlusslicht“ bildet.

Die Zulässigkeit von sogenannten Notenspiegeln, bei denen der Ausfall von Leistungsüberprüfungen im Wege einer statistischen Übersicht (Beispiel: Note 1 wurde dreimal erreicht, Note 2 wurde viermal erreicht usw.) dargestellt wird, richtet sich nach **datenschutzrechtlichen Vorschriften**, und hier insbesondere nach der europäischen Datenschutz-Grundverordnung (DSGVO). Diese findet – wie alle landesrechtlichen Vorschriften zum Datenschutz auch – immer nur dann Anwendung, wenn personenbezogene Daten verarbeitet werden. Es ist ohne weiteres erkennbar, dass die notierte Statistik zum Unterrichtsausfall keine personenbezogenen Daten enthält, weil sie nämlich keine Rückschlüsse auf eine identifizierbare Person zulässt. Als „identifizierbar“ ist nach Art. 4 Ziff. 1 DSGVO eine Person dann anzusehen, wenn sie direkt oder indirekt, insbesondere mittels Zuordnung zu einer Kennung wie einem Namen, zu einer Kennnummer oder zu einem oder mehreren besonderen Merkmalen (die Ausdruck der physischen, physiologischen, genetischen, psychischen, wirtschaftlichen, kulturellen oder sozialen Identität dieser natürlichen Person sind), identifiziert werden kann. Das ist bei Notenspiegeln nicht der Fall.

Eine andere Frage ist, inwieweit Eltern im Rahmen ihres Informationsanspruchs gegenüber der Schule ein **Recht** auf einen Notenspiegel haben. Nach der Rechtsprechung sind die Lehrkräfte nur verpflichtet, gelegentlich über den Ausfall von Leistungskontrollen mit Hilfe eines Notenspiegels zu unterrichten. Sofern die landesrechtlichen Regelungen daher nicht ausnahmsweise vorschreiben, dass im Zusammenhang mit einer Leistungskontrolle stets auch ein Notenspiegel auszuweisen ist, haben die Erziehungsberechtigten keinen Anspruch darauf.[105]

2.6.8 Zum Anspruch auf Notenbegründung

Das *OVG Nordrhein-Westfalen* hat für schulalltägliche Leistungskontrollen die folgende **Grundsätze** aufgestellt: Es nicht notwendig, „in jedem Falle eine schriftliche oder auch nur mündliche Begründung der Bewertung zu geben ohne Rücksicht darauf, ob der jeweilige Schüler bzw. seine Erziehungsberechtigten überhaupt erwägen, Einwände zu erheben. Deshalb hängt der konkrete Begründungsanspruch des Schülers und der Erziehungsberechtigten davon ab, ob sie eine Begründung verlangen, wann sie dies tun, welches Begehren sie damit verfolgen und mit welcher Begründung dies geschieht. Erst durch eine solche Spezifizierung wird aus dem allgemeinen Begründungsanspruch ein konkreter Anspruch. (…) Nur auf diese Weise wird auch dem berechtigten Interesse der Lehrer, die in einem Schuljahr jedenfalls in der Regel eine Vielzahl von Schülern unterrichten, angemessen Rechnung getragen, den Aufwand, der mit jeder Begründung der Bewertung von schulischen Leistungen verbunden ist, auf dasjenige Maß zu beschränken, das im Einzelfall zur Gewährleistung eines effektiven Rechtsschutzes des Schülers und seiner Erziehungsberechtigten geboten ist."[106] Insoweit ist der Informationsanspruch bei schulalltäglichen Leistungsüberprüfungen allgemeiner als der Anspruch eines Prüflings auf Begründung einer Prüfungsentscheidung. Schüler haben auch einen Anspruch darauf, eine Begründung für eine **mündliche Mitarbeitsnote** zu erfahren.[107]

2.6.9 Bewertung von Hausaufgaben

Fraglich ist, ob bzw. in welcher Form Hausaufgaben beurteilt und im Rahmen der Bildung einer Gesamtnote berücksichtigt werden dürfen. Während die Bewertung von Hausaufgaben in einigen Bundesländern wie Niedersachsen ausdrücklich unzulässig ist[108], fehlt beispielsweise für Bremen eine solche Klarstellung. Richtigerweise wird man für eine Antwort danach unterscheiden müssen, ob es um die inhaltliche Bewertung der Hausaufgabe geht oder um deren Nichtanfertigung:

Die **inhaltliche Beurteilung** einer Hausaufgabe wird man grundsätzlich als unzulässig ansehen müssen. Dafür spricht die bereits angesprochene Notwendigkeit, dass bei einer Leistungsbeurteilung die Leistung immer individuell zurechenbar sein muss. Diese Zurechenbarkeit ist aber gerade bei Hausaufgaben nicht gegeben, da nicht ausgeschlossen werden kann, dass eine dritte Person die Leistung erbracht hat. Es würde daher ein Verstoß gegen allgemeingültige Bewertungsmaßstäbe vorliegen.

Demgegenüber kann der Lehrer eine **überhaupt nicht angefertigte Hausaufgabe** im Rahmen der Mitarbeit des Schülers berücksichtigen, denn wenn eine Hausaufgabe nicht vorliegt, mangelt es dem Schüler an seiner Leistungsbereitschaft. Muss ein Schüler aufgrund mehrfach nicht angefertigter Hausaufgabe Unterricht im Rahmen einer Erziehungsmaßnahme nacharbeiten („Nachsitzen"), so werden die fehlenden Hausaufgaben dadurch nicht kompensiert und können gleichwohl im Rahmen der Bildung einer (Halbjahres-)Endnote berücksichtigt werden.[109]

Hinsichtlich des **zulässigen Umfangs von Hausaufgaben** pro Schultag können hier keine verbindlichen Aussagen getroffen werden, da diese Frage nicht nur bundeslandunterschiedlich, sondern auch noch schulstufenspezifisch geregelt ist. Folgende aktuelle Vorgaben des niedersächsischen Kultusministeriums[110] erscheinen allerdings überzeugend: maximal 30 Minuten in der Grundschule, bis zu 60 Minuten in der Sekundarstufe I sowie höchstens 120 Minuten in der Sekundarstufe II – selbstverständlich nicht pro Unterrichtsfach, sondern für alle an einem Tag zu erledigenden Hausaufgaben zusammen! Im Primarbereich sollen keine Hausaufgaben vom Freitag zum folgenden Montag und über Ferienzeiten gestellt werden. Das gilt grundsätzlich auch für den Sekundarbereich I, wobei angemessene (!) Lektüreaufgaben für den Deutsch- oder Fremdsprachenunterricht hiervon ausgenommen werden können.

2.6.10 Notenänderungen durch die Schulleitung

> PRAXIS BEISPIEL
>
> Lehrerin L. lässt in einer 6. Klasse eine Klassenarbeit im Fach Biologie schreiben. Die Aufgabenstellung findet sich weder auf einem Arbeitsblatt noch an der Tafel, sondern sie wird den Schülerinnen und Schülern lediglich diktiert. Beim Übertragen verhören sich zwei Schüler und bearbeiten daraufhin fälschlicherweise eine andere Aufgabe. Obwohl sie diese falsche Aufgabenstellung ganz überwiegend richtig lösten, bewertet L. die beiden Arbeiten mit der Note 6 (ungenügend). Zur Begründung führt L. an, dass die beiden Schüler einfach lernen müssten, besser zuzuhören. Infolge einer Elternbeschwerde kommt es zu verschiedenen Beratungsgesprächen des Schulleiters mit Lehrerin L., die jedoch an ihrer Leistungsbeurteilung festhält. Nachdem L. auch einer dienstlichen Weisung des Schulleiters zur Notenänderung nicht nachkommt, setzt dieser schließlich selbst bessere Klassenarbeitsnoten fest (nach *VGH Baden-Württemberg*, Beschl. v. 27.1.1988 – 4 S 1133/86 = NVwZ-RR 1989, S. 305 = juris).

Inwieweit sind Schulleitungen – oder auch Schulaufsichten – berechtigt, die Vergabe einer bestimmten Note dienstlich anzuweisen, oder gar wie in dem Ausgangsfall selbst festzusetzen? Gewiss eine sehr spannende Frage, für deren Beantwortung zunächst auf das grundsätzliche „Ob“ und anschließend auf den konkreten Umfang eingegangen werden soll.

Zumindest die Frage nach der **allgemeinen Zulässigkeit** ist in der Rechtsprechung seit vielen Jahren positiv geklärt.[111] Sofern die landesrechtlichen Vorschriften die Schulleitung nicht ohnehin dazu berechtigen, die Änderung einer Note anzuweisen bzw. selbst vorzunehmen, wird man zur Begründung insbesondere darauf abstellen müssen, dass die Schulleitung die Gesamtverantwortung für ihre Schule trägt und insoweit auch für die Qualität der Unterrichtsarbeit – und damit eben auch für die Beurteilung schulischer Leistungen – verantwortlich ist. Sie hat insoweit ein Letztentscheidungsrecht. Lehrkräfte können sich in diesem Zusammenhang auch nicht auf ihre „pädagogische Freiheit“ berufen, denn soweit ein solcher pädagogischen Freiraum überhaupt anzuerkennen ist, begründet er nie ein subjektives Abwehrrecht gegen die Entscheidung eines Vorgesetzten: „Die pädagogische Freiheit bzw. Eigenverantwortung des Lehrers ist weder ein Grundrecht noch auf andere verfassungsrechtliche Fundierungen stützbar; (…). Die pädagogische Freiheit des Schullehrers untersteht vielmehr der in Art. 7 Abs. 1 GG (…) statuierten staatlichen Schulhoheit.“[112] Lehrkräfte sind also trotz ihrer pädagogischen Eigenverantwortung nicht davor geschützt, dass eine Schulleiterin oder die Schulaufsicht aufgrund der jeweiligen Weisungsbefugnis die Benotung einer Klassenarbeit oder auch Zeugnisnote unmittelbar ändert oder zu einer entsprechenden Änderung anweist. Eine Klage gegen eine solche Entscheidung ist aufgrund einer fehlenden Klagebefugnis grundsätzlich nicht statthaft.

Kommen wir damit zur Frage nach dem **zulässigen Umfang** von Notenänderungen: Soweit die streitige Leistungsbeurteilung unter einem Rechtsmangel leidet, weil es beispielsweise in der Phase der Leistungserbringung zu einem rechtserheblichen Fehler gekommen ist oder weil die Lehrkraft in der Phase der Leistungsbewertung ihren individuellen Beurteilungsspielraum überschritten hat, ist eine Notenänderung nicht nur geboten, sondern zwingend notwendig. Stehen hingegen die prüfer- bzw. prüfungsspezifischen Wertungen einer Lehrkraft in der Kritik (Beispiel: Schwierigkeitsgrad einer Aufgabe), so sollte die Schulleitung nur dann eingreifen, wenn die Beurteilung nicht nachvollziehbar und transparent ist oder wenn sie inhaltliche Widersprüche aufweist.

Vor diesem Hintergrund ist das Vorgehen des Schulleiters in unserem **Praxisbeispiel** nicht zu beanstanden, da sich die Lehrerin bei ihrer Beurteilung von sachfremden Erwägungen (die Note „ungenügend" als Maßregelung für ungenaues Zuhören) hat leiten lassen und damit ihren individuellen Beurteilungsspielraum überschritten hat.

2.7 Einzelfragen zu formalen Prüfungen

2.7.1 Rücktritt wegen Krankheit u. a.

PRAXIS BEISPIEL

Schülerin M. leidet schon seit mehreren Tagen unter einem Infekt. Am Morgen der ersten schriftlichen Abiturprüfung fühlt sie sich noch ganz gut und beginnt mit der Bearbeitung der Aufgaben. Im Laufe der Prüfung geht es ihr aber immer schlechter, ihr ist wiederholt schwindelig und sie kann sich nicht konzentrieren. Nachdem sie die Arbeit beendet hat, sucht M. einen Arzt auf und erklärt am folgenden Tag ihren Rücktritt aufgrund nachweislicher Prüfungsunfähigkeit. Die Prüfungsbehörde lehnt dies mit dem Hinweis ab, dass der Rücktritt nicht rechtzeitig erfolgt sei. Insbesondere wäre M. die Erkrankung doch bewusst gewesen, weshalb sie sich bereits vor Prüfungsbeginn hätte abmelden müssen (in Anlehnung an *OVG Nordrhein-Westfalen*, Beschl. v. 15.6.2015 – 6 A 154/15 = juris).

Die verschiedenen Prüfungsordnungen müssen den Schülern die Möglichkeit einräumen, rechtzeitig von einem Prüfungsteil zurücktreten zu können. Das ist insbesondere für die Fälle geboten, bei denen ein Prüfling am Tag der Leistungsüberprüfung gesundheitlich beeinträchtigt und damit prüfungsunfähig ist. Darüber hinaus sind aber auch andere Umstände denkbar, die ebenfalls ohne ein eigenes Verschulden des Schülers die Teilnahme an einem Prüfungsteil unmöglich machen können.

Mit Blick auf den das Prüfungsrecht so prägenden Grundsatz der Chancengleichheit sind an einen wirksamen Rücktritt hohe Anforderungen zu stellen: Unter jeglichen Umständen muss nämlich vermieden werden, dass sich ein Schüler mit Hilfe eines erklärten Rücktritts eine weitere Prüfungschance verschaffen will, um dadurch ein besseres Prüfungsergebnis zu erzielen.

Als Grundsatz ist zunächst einmal festzuhalten, dass ein Rücktritt stets **unverzüglich, d. h. ohne ein schuldhaftes Zögern,** gegenüber der zuständigen Prüfungsbehörde erklärt werden muss. Nur in wenigen Ausnahmefällen ist es aus rechtlicher Sicht möglich, sich nachträglich (und möglicherweise schon in Kenntnis der Noten) auf ein vermindertes Leistungsvermögen zu berufen. Anfang der 1960er-Jahre formulierte es das *BVerwG* so: „Ein solcher Ausnahmefall wird (…) nicht anzunehmen sein, wenn der Prüfling diesen Zustand selbst schuldhaft, z. B. durch die Einnahme bestimmter Arzneien, herbeigeführt oder in Kenntnis seines Zustandes sich dem Risiko ausgesetzt hat, dass die Prüfung für ihn ungünstig ausgeht, obwohl die Möglichkeit eines Rücktritts ihm noch offenstand. Der Prüfling, der sich z. B. mit einer schweren fiebrigen Erkrankung der Prüfung in Kenntnis dieses Zustandes unterzieht, kann sich, wenn die Prüfung misslingt, nicht nachträglich darauf berufen, dass er sich im Zustand der Prüfungsunfähigkeit befunden hat. Maßgebend ist in einem solchen Fall der Gesichtspunkt, dass der Prüfling aus freiem Entschluss die vorliegenden Mängel in Kauf nehmen und trotzdem seine Leistungen zur Prüfungsgrundlage machen wollte. Ebenso wird eine Berücksichtigung der Prüfungsunfähigkeit in allen Fällen einer Beeinträchtigung der Geisteskräfte auszuscheiden haben, die sich aus der Natur jeder Prüfung ergeben; insbesondere können die Fälle der sogenannten Examenspsychose nicht Berücksichtigung finden. Mit dem Gebot der Gleichbehandlung der Prüflinge wäre es nicht vereinbar, wenn solche psychischen Einwirkungen, denen jeder Prüfling ausgesetzt ist und denen er je nach der von ihm aufgewandten Willenskraft oder dem Grad seiner körperlichen Verfassung und Konstitution mehr oder weniger Herr wird, dazu führen könnten, dem Prüfling das Risiko des Misslingens der Prüfung abzunehmen.“[113]

Im Einzelnen gilt das Folgende:

Unverzügliche Erklärung des Rücktritts (Anzeige)

Ein Prüfling ist gehalten, seinen Rücktritt von einem Prüfungsteil zum **frühestmöglichen zumutbaren Zeitpunkt** der Prüfungsbehörde gegenüber eindeutig mitzuteilen. Für die Beurteilung dessen, ob eine unverzügliche

Erklärung vorliegt, ist auf den Eingang der Erklärung bei der Schule abzustellen. Die Erklärung ist grundsätzlich in schriftlicher Form abzugeben. Sie kann jedoch auch zunächst mündlich im Rahmen einer telefonischen Krankmeldung erfolgen, sofern die schriftliche Erklärung nachgereicht wird.

Problematisch sind diejenigen Fallgestaltungen, bei denen ein Prüfling erst **nach Beginn einer Prüfung oder gar erst nach deren Abschluss** erklärt, dass er krank (gewesen) sei und zurücktreten müsse, da sich hier besonders der Verdacht aufdrängt, dass es aufgrund des abgefragten Prüfungsstoffs lediglich um die Verschaffung einer weiteren Prüfungschance geht. Nach der Rechtsprechung kann aber auch in diesen Fällen unter bestimmten Voraussetzungen noch ein wirksamer Rücktritt erfolgen. Auf diese soll hier jedoch nicht weiter eingegangen werden, da es sehr stark auf den jeweiligen Einzelfall ankommt. In dem Ausgangsfall jedenfalls ist das *OVG Nordrhein-Westfalen* von einer noch rechtzeitigen Rücktrittserklärung ausgegangen: Es sei „dem Prüfling regelmäßig und auch hier wegen der weitreichenden Rechtsfolgen des Rücktritts nicht zuzumuten, sich bereits während der laufenden Prüfung mit seiner Prüfungs(un)fähigkeit und der Entscheidung über den Rücktritt zu befassen. Ihm ist ein Mindestmaß an Überlegungszeit zuzubilligen (…). Der Wirksamkeit des Rücktritts steht es ferner nicht entgegen, dass die Klägerin trotz der bereits mehrere Tage vor der Prüfung aufgetretenen Erkrankung gleichwohl am Prüfungstag zur Klausur angetreten ist. Zutreffend ist zwar, dass ein Rücktritt aus Gründen der Chancengleichheit regelmäßig nicht in Betracht kommt, wenn der Prüfling in Kenntnis seiner Prüfungsunfähigkeit die Prüfung zunächst antritt und sich dann erst später, womöglich erst nach Bekanntgabe des Prüfungsergebnisses, auf seine Prüfungsunfähigkeit beruft. Unter Zumutbarkeitsgesichtspunkten kann vom Prüfling in Bezug auf seine Entscheidung, ob bei ihm möglicherweise eine krankheitsbedingte Prüfungsunfähigkeit vorliegt, jedoch lediglich eine ‚Parallelwertung in der Laiensphäre' verlangt werden. (…) Vor diesem Hintergrund ist es nachvollziehbar und kann der Klägerin nicht angelastet werden, dass sie sich aufgrund ihrer eigenen, laienhaften Einschätzung am Prüfungstag zunächst für prüfungsfähig gehalten und die Prüfung angetreten hat. Das gilt auch vor dem Hintergrund, dass der Hausarzt der Klägerin sie nach eigenen Angaben gewarnt hatte, ‚die Situation nicht zu unterschätzen'. Wäre sie am Prüfungstag von vornherein nicht zur Prüfung erschienen, wäre sie – hätte sich die vermeintliche Besserung des Gesundheitszustandes als zutreffend herausgestellt – das Risiko eingegangen, dass die Genehmigung des Rücktritts versagt worden wäre."

Schülerinnen und Schülern, die eine **laufende Prüfung abbrechen** wollen oder erst nach ihrem Ende den Rücktritt aufgrund einer Erkrankung erklären, ist insoweit dringend anzuraten, dass sie noch an demselben Tag einen Arzt aufsuchen.

Anforderungen an den Nachweis (Glaubhaftmachung)
Vom Prüfling ist ferner zu fordern, dass er einen geeigneten Nachweis über das Vorliegen eines wichtigen Grundes beibringt. Im Falle einer Erkrankung hat er eine **ärztliche Bescheinigung** vorzulegen, aus der – ganz wichtig! – die Beschreibung der gesundheitlichen Beeinträchtigung sowie die sich daraus ergebende Behinderung in der Prüfung (Beispiel: Störung der Konzentrationsfähigkeit) hervorgehen muss. Der schlichte Hinweis, der Schüler sei „prüfungsunfähig", reicht nicht aus. Hat die Schule Zweifel an dem ärztlichen Attest, kann sie auch ein amtsärztliches Attest verlangen. Der Nachweis selbst muss nicht unverzüglich eingereicht werden.

Entscheidung über den Rücktritt
Die Entscheidung darüber, ob aufgrund der eingereichten Unterlagen ein wirksamer Rücktritt von einem Prüfungsteil vorliegt, trifft grundsätzlich die jeweilige Prüfungskommission, nicht jedoch ein Arzt.

2.7.2 Verspätung des Prüflings

PRAXIS BEISPIEL

Schülerin C. wurde formal und fristgerecht zur mündlichen Prüfung im Fach Politik geladen, die 20-minütige Vorbereitungszeit soll um 8 Uhr beginnen. Trotz mehrerer Wecker verschläft sie ausgerechnet an diesem Prüfungstag und erscheint sichtlich aufgelöst erst um 8.10 Uhr in der Schule. Lehrer L., der an diesem Tag die Aufsicht im Prüfungsraum hat, schließt C. aufgrund der Unpünktlichkeit von der Teilnahme an der Prüfung aus (in Anlehnung an *BVerwG*, Urt. v. 27.2.2019 – 6 C 3/18 = BVerwGE 164, S. 379 = juris).

Immer wieder kommt es im Zusammenhang mit Prüfungen vor, dass Schülerinnen und Schüler verspätet erst nach Prüfungsbeginn erscheinen. Sofern die jeweils einschlägigen Prüfungsordnungen hierfür keine Regelungen treffen, wird man für die Frage nach den möglichen Konsequenzen auf die Rechtsprechung zur **Zulässigkeit prüfungsrechtlicher Sanktionen** abstellen müssen: Vor dem Hintergrund, dass es bei Prüfungen immer auch um Zugangschancen zu Berufen oder Studiengängen geht, verlangt das *BVerwG* unter anderem, dass Sanktionen in den Prüfungsvorschriften eindeutig und klar geregelt sein müssen, denn Eingriffe in die Berufswahlfreiheit nach Art. 12 Abs. 1 GG bedürfen insoweit einer gesetzlichen Legitimation (**Gesetzesvorbehalt**). Sofern die Prüfungsordnungen Sanktionen enthalten, seien die tatbestandlichen Voraussetzungen ferner restriktiv (zu Gunsten des Prüflings) auszulegen.

Sofern es also keine spezielle rechtliche Regelung in einer Prüfungsordnung für Verspätungen gibt, darf ein Schüler nicht ohne weiteres von der Prüfungsteilnahme ausgeschlossen werden. Zu einem gegenteiligen Ergebnis wird man wohl auch dann nicht kommen können, wenn das Zuspätkommen als „Versäumnis" oder „Störung" einer Prüfung bzw. von anderen Prüflingen angesehen wird: Vor dem Hintergrund der geforderten restriktiven Auslegung von Sanktionsvorschriften wird es bei einem „Versäumnis" immer nur um das vollständige (unentschuldigte) Fernbleiben von einem Prüfungsteil gehen können, und auch für eine „Störung" fehlt es in der Regel an der notwendigen (zeitlichen) Erheblichkeit der Beeinträchtigung anderer Prüflinge.

Soweit die Verspätung wie bei einem Verschlafen in der **Risikosphäre des Schülers** liegt, wird er jedoch die vollen Konsequenzen tragen müssen: In schriftlichen Prüfungsteilen steht dem Schüler nur noch die verbleibende restliche Bearbeitungszeit zur Verfügung, er hat insoweit keinen Anspruch auf die vollständige Bearbeitungszeit. Selbiges gilt vice versa auch für die Vorbereitungszeit bei mündlichen und praktischen Prüfungen. Erscheint der Prüfling gar erst zu der eigentlichen Prüfungszeit, so hat er auch hier nur einen Anspruch auf Prüfung für die verbleibende Zeit. Er hat kein Recht auf eine neue Vorbereitungszeit.

Ist die Verspätung **nicht vom Prüfling zu vertreten** (Beispiel: In Folge eines Unwetters ist der ÖPNV sehr stark eingeschränkt), so wird es die Aufgabe der Prüfungskommission sein, die Möglichkeit eines rechtmäßigen Rücktritts von dem jeweiligen Prüfungsteil zu bewerten.

2.7.3 Anforderungen an Kollegialentscheidungen

In der Regel wirken bei formellen Prüfungen mehrere Lehrkräfte zusammen: Für schriftliche Prüfungsteile gilt dieses vor allem für die Phasen der Leistungsbewertung und -interpretation, bei mündlichen Prüfungen auch für die Phase der Leistungserbringung. Auf folgendes ist dabei zu achten:

Phase der Leistungserbringung

PRAXIS BEISPIEL

Lehrer L. hat bei den zentralen Abschlussprüfungen den Vorsitz in zehn mündlichen Biologieprüfungen. Als er sich zum wiederholten Male die Grundlagen der Photosynthese anhören muss, schlummert er ein und verpasst so rund fünf Minuten des Schülervortrags (nach *VG Kassel*, Urt. v. 30.11.1994 – 1 E 2266/88 = juris).

Sofern Mitprüfer bereits in die Phase der Leistungserbringung eingebunden sind, ist es erforderlich, dass sie die Leistungen des Prüflings vollständig zur Kenntnis nehmen, denn nur in diesem Fall kann sichergestellt werden, dass das spätere Beurteilungsergebnis auch auf einer zutreffenden Beurteilungsgrundlage beruht (vgl. dazu bereits oben unter 3.4.3 Richtige und vollständige Erfassung des Bewertungsgegenstandes).

Für **mündliche Prüfungen** folgt daraus, dass alle für die Bewertung verantwortlichen Personen während der gesamten Prüfung im Prüfungsraum anwesend sind und das Prüfungsgeschehen verfolgen: „Der Zweck von mündlichen Prüfungen liegt gerade darin, das Leistungsvermögen der Bewerber unter dem Zwang zur spontanen Darstellung, zur unverzüglichen Reaktion auf unvorhergesehene Fragen oder Entwicklungen sowie im Meinungsaustausch festzustellen. Dies macht es für die Bewertung unverzichtbar, dass sich alle dafür verantwortlichen Personen einen unmittelbaren Eindruck vom gesamten Prüfungsgeschehen verschaffen.“[114] Diese Voraussetzung der eigenen, unmittelbaren und vollständigen Kenntnisnahme der erbrachten Leistung wäre dann nicht gegeben, wenn die Lehrkraft während einer Prüfung den Raum verlässt, wiederholt in Zeitschriften liest oder für einige Minuten fest einschläft (**Praxisbeispiel**). Für **praktische Prüfungsteile** wird grundsätzlich wohl nichts anderes gelten können.

Phase der Leistungsbewertung und -interpretation

PRAXIS BEISPIEL

Im Rahmen einer Abiturprüfung fragt Lehrer L. seinen Kollegen K., ob er nicht das Korreferat für seine Prüflinge im Leistungskurs Biologie übernehmen könne. Beide verabreden, sich in Freistunden zusammenzusetzen und die einzelnen Gutachten zu besprechen. Übersehene Korrekturfehler in den Klausuren werden dabei ebenfalls ergänzt; über die Punktwertung und die damit verbundene Endbewertung wird ausführlich gesprochen (*OVG Nordrhein-Westfalen*, Beschl. v. 6.11.2007 – 19 E 788/07 = DVBl. 2008, S. 67).

Gehören zu einer Prüfung zwei prüfende Personen, dann gehört es zu den allgemein gültigen Bewertungsmaßstäben, dass jede Prüfungsperson zunächst einmal eine **eigenständige Bewertung** vornimmt: „Eine ‚selbstständige‘ Bewertung (…) setzt nach ständiger verwaltungsgerichtlicher Rechtsprechung voraus, dass sich der Prüfer ein eigenes Urteil über die zu bewertende Prüfungsleistung bildet und sich nicht etwa im Vertrauen auf die Sachkunde und Zuverlässigkeit eines Mitprüfers oder eines Korrekturassistenten auf dessen Beurteilung verlässt. Dabei ist verfassungsrechtlich grundsätzlich sowohl eine ‚isolierte' (‚verdeckte') als auch eine ‚offene' Bewertung von Prüfungsarbeiten zulässig (…). Maßgebend ist insoweit allein die Regelung durch die jeweilige Prüfungsordnung. Ist eine offene Zweitkorrektur nicht untersagt, ist sie zulässig (…).“[115]

Das hat zur Konsequenz, dass ein Austausch der Prüfenden über eine Prüfungsleistung im Grunde erst **nach der Zweitkorrektur** erfolgen darf: „Tauschen sich die beteiligten Prüfer vor diesem Zeitpunkt untereinander aus, eröffnet dies zwangsläufig die Möglichkeit, dass der Austausch in ihre hier noch nicht abgeschlossene Urteilsbildung einfließt (...). Die Eigenständigkeit und Unabhängigkeit der Urteilsbildung des Zweitprüfers wird durch die mit einem solchen Austausch verbundenen Einwirkungsmöglichkeiten deutlich stärker als dadurch in Frage gestellt, dass er – entsprechend den Gepflogenheiten einer sog. offenen Zweitkorrektur (…) – zu Beginn seiner eigenen Befassung die schriftliche Begründung der Überdenkensentscheidung des Erstprüfers zur Kenntnis nimmt; noch stärker wird naturgemäß die Eigenständigkeit und Unabhängigkeit der Urteilsbildung des Erstprüfers in Frage gestellt, dessen Befassung in Unkenntnis der Bewertung des Zweitprüfers einsetzte. Dass nicht in jedem Einzelfall ein solcher Austausch die Beteiligten in ihrer persönlichen Urteilsbildung tatsächlich beeinflusst, ändert nichts daran, dass die fragliche Verfahrensgestaltung eine dahingehende Gefahr begründet. Dieser Gefahr schon im Ansatz zu begegnen, ist im Prüfungsverfahren in Anbetracht der begrenzten intersubjektiven Nachvollziehbarkeit prüfungsspezifischer Wertungen ein besonders gewichtiges Anliegen.“[116]

Das *OVG Nordrhein-Westfalen* hatte das Vorgehen der Kollegen in dem **Praxisbeispiel** daher als unzulässig angesehen: „Eine solche Bewertung, mag sie auch in der schulischen Praxis verbreitet sein, genügt den Anforderungen an eine Erst- und Zweitkorrektur nicht. (...) Ein solcher Austausch der Korrektorinnen ist unzulässig, weil er die Gefahr birgt, dass, wenn auch nur bei der Begründung der Benotung, die eine durch die andere Korrektorin beeinflusst worden ist.“[117]

Das *BVerwG* hat zum einen klargestellt, dass an die **Begründungspflichten des Zweitprüfers** in einer Zweiten Juristischen Staatsprüfung keine gesteigerten Anforderungen zu stellen sind, wenn der Zweitprüfer von der Bewertung des Erstprüfers abweicht und sein Votum zu einer Bewertung der Prüfungsleistung als nicht bestanden führt.[118] Das dürfte auch für Prüfungen im schulischen Bereich gelten.

Zum anderen hat es hervorgehoben, dass die **konkrete Zahl der Prüferinnen und Prüfer und die Regelung der Notenfestsetzung bei Bewertungsdifferenzen** in der jeweiligen Prüfungsordnung rechtlich geregelt sein müssen. Die Note kann bei Bewertungsdifferenzen anhand eines Stichentscheids, einer Mehrheitsentscheidung oder durch die Bildung des arithmetischen Mittels der Einzelbewertungen festgesetzt werden. Da die Wahl der Methode im Einzelfall zu unterschiedlichen Ergebnissen bei der Notenfestsetzung führen kann, muss sie zur Wahrung der Chancengleichheit für alle Prüfungsteilnehmer vorab und vorhersehbar einheitlich festgelegt sein.[119]

2.7.4 Zum Anspruch des Prüflings auf Notenbegründung

PRAXIS BEISPIEL

Nachdem Schülerin B. ihr Abiturzeugnis erhalten hat, wendet sie sich gegen das Ergebnis ihrer mündlichen Abiturprüfung im Fach Biologie (Note 5). Sie verlangt eine schriftliche Begründung der erteilten Note, was von dem zuständigen Prüfungsausschuss abgelehnt wird, da man ihr ja bereits mündlich im Anschluss an die Prüfung die Gründe dargelegt habe.

Der Anspruch der Schülerin auf eine tragfähige Begründung ihrer Prüfungsnote wird vor allem aus dem Grundrecht auf freie Wahl des Berufes (Art. 12 Abs. 1 GG) und der Rechtsschutzgarantie des Art. 19 Abs. 4 GG hergeleitet: Durch die Prüfung wird in nicht unerheblicher Weise in die Freiheit der Berufswahl eingegriffen, wenn dem Jugendlichen durch das Prüfungsergebnis die Ausübung eines bestimmten Wunschberufs erschwert, wenn nicht sogar vollkommen unmöglich gemacht wird. Möchte sich ein Prüfling nun gegen eine aus seiner Sicht fehlerhafte Leistungsbeurteilung zur Wehr setzen, dann muss er erst einmal wissen, von welchen **wesentlichen Gründen** sich der bzw. die Prüfer bei der Beurteilung haben leiten lassen. Erst wenn er diese Kenntnisse hat, kann er die konkreten Einwände gegen die Beurteilung erheben.

Das *BVerwG* beschreibt den Anspruch des Prüflings auf Notenbegründung in seiner ständigen Rechtsprechung wie folgt: „Der effektive Grundrechtsschutz verlangt zunächst, dass die Prüfungskommission die Bewertung einer berufsrelevanten Prüfungsleistung begründet und die tragenden Erwägungen darlegt, die zu ihrer Bewertung der Prüfungsleistung geführt haben. Der Grundrechtsschutz umfasst einen Informationsanspruch des Prüflings, der sich auf eine angemessene Begründung der Prüfungsentscheidung richtet, das heißt auf die Bekanntgabe der wesentlichen Gründe, mit denen die Prüfer zu einer bestimmten Bewertung der Prüfungsleistungen gelangt sind. Die maßgeblichen Gründe müssen zwar nicht in allen Einzelheiten, aber doch in den für das Ergebnis ausschlaggebenden Punkten erkennbar sein. Dieser Informationsanspruch soll den Prüfling in den Stand versetzen, diejenigen Informationen zu erhalten, die er benötigt, um feststellen zu können, ob die rechtlichen Vorgaben und Grenzen der Prüfung, insbesondere der Beurteilung seiner Leistungen, eingehalten worden sind."[120]

Weder der aus Art. 12 Abs. 1 GG folgende Grundrechtsschutz im Hinblick auf die Gestaltung des Prüfungsverfahrens noch das Gebot des effektiven Rechtsschutzes verbieten es, eine Bewertung einer Prüfungsleistung mit entsprechender neuer **Begründung nachzuholen** und auf diese Weise einen früheren Begründungsmangel zu korrigieren.[121]

Das Begründungserfordernis gilt sowohl für schriftliche als auch für mündliche und praktische Prüfungsleistungen:

Schriftliche Prüfungsteile

Die wesentlichen Gründe der Prüfungsentscheidung ergeben sich bei schriftlichen Prüfungsleistungen regelmäßig aus den Korrekturbemerkungen der Prüfer sowie aus den anzufertigenden Gutachten (vgl. dazu auch unter 3.7.6 Anforderungen an Gutachten in schriftlichen Prüfungen). Aus dem Gutachten muss „zwar nicht in den Einzelheiten, aber doch in den für das Ergebnis ausschlaggebenden Punkten erkennbar sein, welchen Sachverhalt sowie welche allgemeinen oder besonderen Bewertungsmaßstäbe der Prüfer zugrunde gelegt hat und auf welcher wissenschaftlich-fachlichen Annahme des Prüfers die Benotung beruht."[122]

Mündliche und praktische Prüfungsteile

Bei mündlichen und praktischen Prüfungsteilen hat die Schülerin oder der Schüler – sofern es in den einschlägigen Prüfungsordnungen nicht anderweitig geregelt ist – nur einen allgemeinen **Informationsanspruch „dem Grunde nach"**. Damit ist folgendes gemeint: Erst wenn der Prüfling am Ende der Prüfung zu verstehen gibt, dass er mit der Prüfungsnote nicht einverstanden ist bzw. sie nicht nachvollziehen kann, verwandelt sich sein allgemeiner Informationsanspruch in einen ganz konkreten, der die Prüfer dann dazu verpflichtet, ihm die tragenden Erwägungen für das Zustandekommen des Prüfungsergebnisses mitzuteilen (sogenannte erste Begründung). In vielen Prüfungsordnungen wurde dieser nur allgemeine Anspruch aufgegriffen, indem die Prüfer ohnehin sehr häufig verpflichtet werden, dem

Prüfling die wesentlichen Gründe für die Bewertung im Anschluss an die Prüfung mitzuteilen.

Begehrt der Prüfling darüber hinaus die Abgabe einer genaueren schriftlichen Begründung der Bewertung seiner mündlichen Prüfungsleistung, um im Wege eines Widerspruchs- oder Klageverfahrens gegen die Beurteilung vorgehen zu können, so ist diesem Informationsanspruch nachzukommen.[123] Sofern das anzufertigende Prüfungsprotokoll die tragenden Bewertungsgründe bereits enthält, kann darauf zurückgegriffen werden.

Der Prüfling hat keinen Anspruch zu erfahren, welches Mitglied der jeweiligen Prüfungskommission welche Teilnote vergeben hat.

2.7.5 Anforderungen an Protokolle in mündlichen und praktischen Prüfungen

Protokolle, die den inhaltlichen Verlauf und das Ergebnis einer Prüfung wiedergeben, sind nach den einschlägigen Prüfungsordnungen vor allem in mündlichen und praktischen Prüfungsteilen anzufertigen, sie kommen in „abgespeckter Form" aber auch in schriftlichen Prüfungsteilen zum Einsatz (Beispiel: Sitzplan, Verlassen des Raumes durch Prüflinge). Im Folgenden soll es vor allem um anzufertigende Niederschriften in mündlichen und praktischen Prüfungen gehen:

In der Rechtsprechung und in der Literatur werden **keine übertriebenen Anforderungen** an den notwendigen Inhalt eines Protokolls gestellt, und zwar aus folgenden Gründen: „Viele Elemente der Prüfungsleistung wie etwas das schnelle Erfassen des Wesentlichen, das ‚Mitgehen' im Prüfungsgespräch oder die Sicherheit der Darlegungen des Prüflings entziehen sich einer Protokollierung und können auch mit technischen Hilfsmitteln (z. B. Tonband- oder gar Videoaufzeichnungen) nicht so zuverlässig erfasst werden, dass auf diese Weise alle maßgeblichen Grundlagen des Bewertungsvorgangs unverfälscht zutage treten."[124]

Zum anderen soll vermieden werden, dass sich bei dem Bemühen um eine möglichst exakte Dokumentation negative Auswirkungen auf den Ablauf der Prüfung ergeben: „Selbst wenn es möglich wäre, das Prüfungsgespräch vollständig zu dokumentieren, könnte sich dies auf den Charakter der Prüfung und die Art ihrer Durchführung auch nachteilig auswirken. Bereits die Niederschrift *aller* [Hervorhebung im Original, d. Verf.] Fragen und Antworten würde voraussetzen, dass anstelle eines individuellen, flexiblen Prüfungsgesprächs lediglich einzelne Fragen und Antworten Gegenstand der Prüfung wären. Es liegt auf der Hand, dass die Fähigkeiten und Kenntnisse des Prüflings, wie sie typischerweise in der besonderen Atmosphäre und unter den spezifischen Bedingungen in einer mündlichen Prüfung ermittelt werden sollen, bei einem derartigen Verfahren im allgemeinen weniger verlässlich zu ermitteln wären als in einem nicht so starr reglementierten Dialog zwischen Prüfer und Prüfling (…). Insbesondere eine mit technischen Hilfsmitteln wie Tonband- und Videogerät etwa mögliche Perfektionierung der Aufnahme des Prüfungsgeschehens hätte auch offensichtliche Nachteile, weil dadurch die Prüfungsatmosphäre in aller Regel negativ beeinflusst sein wird und als Folge davon sowohl Prüfer als auch Prüflinge nicht mehr unbefangen und konzentriert wären, sondern abgelenkt oder gar verunsichert werden könnten."[125]

Mit Hilfe eines Protokolls soll das Prüfungsgeschehen nachträglich rekonstruieren werden können und die angefertigten Notizen sollen die anschließende Bewertung stützen und rechtfertigen. Folgende Aspekte sollten daher bei der Erstellung eines Protokolls berücksichtigt werden[126]:

Übersicht 6: Anforderungen an Protokolle in mündlichen und praktischen Prüfungen

- Der äußere Prüfungsablauf sollte festgehalten werden einschließlich eventueller Besonderheiten wie Störungen.
- Die gestellten Fragen und Antworten sind thematisch zu skizzieren, wobei eine stichwortartige Niederschrift ausreicht (insbesondere die Antworten müssen nicht wortwörtlich und lückenlos notiert werden).
- Es sind in erster Linie Tatsachen zu notieren und nicht bereits Wertungen wie „kein Aufbau erkennbar" oder „kein Verständnis für die Problematik", denn gerade die Bewertungen sind es ja, um die später gestritten wird.
- In dem Protokoll sollten auch unvollständige oder falsche Antworten festgehalten werden, damit die Bewertung der Leistung nachvollzogen werden kann.
- Ebenfalls sollte notiert werden, ob der Prüfling die Antworten selbstständig formulieren konnte oder ob er auf Einhilfe angewiesen war.
- Abkürzungen sind zulässig, soweit sie üblich sind und ihnen gegebenenfalls im Wege einer späteren Erläuterung eine eindeutige Aussage zugeordnet werden kann

Im Gegensatz zu Gedächtnisprotokollen, die von den Prüflingen im Anschluss an eine Prüfung erstellt werden, entfalten ordnungsgemäß erstellte Prüfungsprotokolle als **öffentliche Urkunde** im Sinne der §§ 415 Abs. 1, 417 ZPO grundsätzlich Beweiskraft über den Gang einer Prüfung und sind daher im Kontext mit den Stellungnahmen der Prüfer vorrangig der rechtlichen Bewertung des Prüfungsgeschehens zugrunde zu legen.[127]

Ein **fehlerhaftes bzw. unzureichendes Protokoll** führt grundsätzlich nicht dazu, dass die jeweilige Prüfung insgesamt fehlerhaft ist „Mängel des Prüfungsprotokolls haben (…) grundsätzlich keinen selbständigen Einfluss auf das Prüfungsergebnis, weil die Bewertung der Prüfungsleistung auf der Grundlage des tatsächlichen Prüfungsgeschehens erfolgt und nicht aufgrund der Niederschrift. Derartige Fehler beeinträchtigen somit grundsätzlich nur den Beweis des Prüfungshergangs."[128]

2.7.6 Anforderungen an Gutachten in schriftlichen Prüfungen

Aufgrund ihrer speziellen Funktion in einem Prüfungsprozess sind an Gutachten zu schriftlichen Leistungsüberprüfungen insgesamt strengere Anforderungen zu stellen[129]: Sie dienen nicht nur dem Prüfling bei der Entscheidung, ob er gegen eine als unzureichend empfundene Prüfungsnote Rechtsmittel einlegen will, sondern sie sind auch für die Widerspruchsbehörden und die Gerichte eine wichtige Grundlage, um das festgesetzte Prüfungsergebnis auf eventuelle Fehler hin kontrollieren zu können. Auch kommt den Gutachten eine Art Gütefunktion zu, da sie die Selbstkontrolle des Prüfers fördern und somit eine „richtige" Prüfungsentscheidung wahrscheinlicher machen.

Aus einem Gutachten, das bei schriftlichen Prüfungsleistungen ebenfalls in schriftlicher Form zu erfolgen hat, müssen die **wesentlichen Gründe** hervorgehen, welche die Prüfungsnote tragen: Aus dem Gutachten muss „zwar nicht in den Einzelheiten, aber doch in den für das Ergebnis ausschlaggebenden Punkten erkennbar sein, welchen Sachverhalt sowie welche allgemeinen oder besonderen Bewertungsmaßstäbe der Prüfer zugrunde gelegt hat und auf welcher wissenschaftlich-fachlichen Annahme des Prüfers die Benotung beruht."[130] Das erfordert nicht zwingend ein langes bzw. umfangreiches Gutachten, solange die Notenbegründung nachvollziehbar ist und die wertungsentscheidenden Kriterien offengelegt werden.

Im Rahmen der Notenbegründung sollte zum einen auf die **fachspezifischen Wertungen** eingegangen werden: Wo zeigt der Prüfling fachliche Stärken? Was wurde von ihm sachlich unzutreffend dargestellt? Hierfür kann beispielsweise auch auf einen Erwartungshorizont zurückgegriffen werden. Zum anderen ist es aber auch sehr wichtig, die **prüfungs- bzw. prüferspezifischen Wertungen** offenzulegen, und zwar deshalb, weil diese einer nachträglichen Kontrolle aufgrund des individuellen Beurteilungsspielraums der Lehrkräfte nur bedingt zugänglich sind. Im Rahmen eines Widerspruchs- oder Klageverfahrens müssen die individuellen Wertungen und Gewichtungen des Prüfers nachvollziehbar und transparent sein oder sie dürfen keine inhaltlichen Widersprüche aufweisen. Wie in allen anderen Fällen ist schließlich auch wichtig, dass die Notenbegründung im Einklang mit der jeweiligen Notendefinition steht.

In den allermeisten Fällen ist in die Bewertung der Prüfungsleistung eine **zweite Begutachtung (Korreferent/-in)** eingebunden. Sofern sich diese Person der Begründung des Erstgutachters anschließt, ist es für das anzufertigende Gutachten vollkommen ausreichend, wenn sie lediglich „einverstanden" notiert oder die Bewertungsschritte des Erstkorrektors schlicht abhakt.[131] Möchte ein Korreferent allerdings von dem Votum des Vorgutachters abweichen, ist eine eigene tragfähige Begründung erforderlich.

Ein **unzureichendes Gutachten** stellt einen Verfahrensmangel dar, der jedoch noch nachträglich durch eine Ergänzung des Gutachtens geheilt werden kann, und zwar auch noch in einem gerichtlichen Verfahren. Bleibt das Gutachten trotz seiner Überarbeitung rechtsfehlerhaft, dann hat der Prüfling einen Anspruch auf Neubewertung seiner erbrachten schriftlichen Leistung.

2.7.7 Nachträgliche Korrektur von Prüfungsergebnissen

Eher selten kommt es im Schulalltag vor, dass Prüfungsergebnisse nachträglich noch einmal geändert werden sollen. Für diesen Fall gilt sodann das Folgende: Bis zu einer förmlichen Bekanntgabe einer Prüfungsentscheidung kann erneut über das Ergebnis einer Leistungsbewertung beraten werden, wenn dieses aufgrund neuer Erkenntnisse oder wegen erheblicher Zweifel geboten erscheint. Dabei kann es auch zu einer Verschlechterung gegenüber der ursprünglichen Beurteilung kommen.

Nach der förmlichen Bekanntgabe der Prüfungsentscheidung richtet sich die Zulässigkeit einer Notenkorrektur entweder nach § 48 Abs. 1 S. 1 VwVfG (in Verbindung mit den jeweiligen Verwaltungsverfahrensgesetzen der Bundesländer), sofern die Prüfungsbehörde mit der erneuten Beurteilung eine Besserstellung des Prüfungsergebnisses anstrebt. Ist beispielsweise erst nach der Aushändigung der Abiturzeugnisse aufgefallen, dass die Prüfer im Rahmen einer Klausur etwas Richtiges als falsch bewertet haben, dann kann die Prüfungsnote der Klausur (als rechtswidriger belastender Verwaltungsakt) ohne weiteres mit Wirkung für die Zukunft geändert werden. Soll hingegen eine Prüfungsleistung mit dem Ziel einer Verschlechterung abgeändert werden, weil Prüfer etwa nachträglich feststellen, dass sie irrtümlich etwas Falsches als richtig bewertet haben, dann ist § 48 Abs. 1 S. 2 VwVfG einschlägig (Rücknahme eines rechtswidrigen begünstigenden Verwaltungsaktes). Dabei handelt es sich um eine Ermessensentscheidung, bei der auch das Vertrauen des Prüflings auf den Fortbestand seines bisherigen Prüfungsergebnisses eine wichtige Rolle spielt. Auf weitere Einzelheiten dazu soll hier jedoch nicht weiter eingegangen werden.

2.7.8 Ausgefallener (Prüfungs-)Unterricht

PRAXIS BEISPIEL

Schüler A. besucht in Berlin den Bildungsgang der einjährigen Berufsfachschule für das Berufsfeld Wirtschaft und Verwaltung (kaufmännische Berufsfachschule). Zum Ende des Schuljahres unterzieht er sich erfolgreich der Prüfung zum Erwerb des Mittleren Schulabschlusses. Wenig später tritt die zuständige Zeugniskonferenz zusammen und entscheidet, dass A. den Bildungsgang wegen der Benotung zweier Fächer jeweils mit der Endnote 5 nicht bestanden habe. Daraufhin entscheidet der Prüfungsausschuss, dass der Mittlere Schulabschluss nicht zuzuerkennen ist. A. ist mit diesen Entscheidungen nicht einverstanden und reicht nach erfolglos gebliebenem Widerspruch eine Klage ein. Zur Begründung führt er unter anderem an, dass der Unterricht bei Kollegin R. krankheitsbedingt von Anfang November bis Ende Februar nahezu vollständig ausgefallen sei und er deshalb zum Teil nur mangelhafte Leistungen erzielt habe (*VG Berlin*, Beschl. v. 27.9.2019 – 3 L 570.19 = juris).

Zu einem nennenswerten Unterrichtsausfall kommt es wohl an der einen oder anderen Schule, weshalb Schülerinnen und Schüler immer wieder anführen, dass dieser für schlechte Ergebnisse in Prüfungen oder Leistungskontrollen verantwortlich sei.

Als Grundsatz lässt sich zunächst einmal festhalten, dass Ausbildungsmängel in der Zeit vor einer Prüfung aus rechtlicher Sicht immer nur dann relevant sind, wenn die in dieser Phase erbrachten Leistungen in die Prüfungsleistung eingehen. Mit anderen Worten: Steht eine Prüfung am Ende eines Bildungsganges für sich allein, so sind vorhergehende Ausbildungsdefizite durch ausgefallenden Unterricht grundsätzlich unbeachtlich. Gibt es hingegen dadurch eine enge Verknüpfung zwischen der Vorbereitungs- und Prüfungsphase, dass nach der jeweiligen Prüfungsordnung auch Leistungen aus dem vorhergehenden Unterricht in eine Gesamtqualifikation einfließen (Beispiel: Allgemeine Hochschulreife), so können Mängel in der Vorbereitungsphase beachtlich sein und zu einer Verlängerung der Ausbildungszeit oder sogar zur Rechtswidrigkeit einer Prüfungsentscheidung führen – allerdings immer nur dann, wenn dieser Mangel rechtzeitig vor dem Beginn der Prüfung **gerügt** wurde und sich ein Prüfling nicht erst nachträglich nach Bekanntgabe der Prüfungsergebnisse auf den Fehler beruft:

„Wäre ein solcher Verfahrensfehler zeitlich unbegrenzt zu berücksichtigen, hätte es der Prüfungskandidat unter unzulässiger Bevorzugung gegenüber anderen Prüflingen in der Hand, die erbrachte Prüfungsleistung je nach Ausgang der Prüfung gelten oder annullieren zu lassen, dadurch sein Risiko gegenüber dem der anderen Prüflinge zu mindern und sich eine weitere Prüfungschance zu verschaffen. Darüber hinaus soll die Rügepflicht der Prüfungsbehörde die zeitnahe Überprüfung der gerügten Defizite mit dem Ziel einer schnellstmöglichen Aufklärung und unter Umständen einer noch rechtzeitigen Korrektur oder Kompensation festgestellter Mängel ermöglichen."[132] Für die zu erhebende Rüge ist wichtig, dass die Ausbildungsmängel nicht einfach nur während des Unterrichts gegenüber einer Lehrkraft angesprochen werden, sondern ganz konkret in unmittelbarem Zusammenhang mit einer bevorstehenden Prüfung angemahnt werden. Wird die Rüge nicht rechtzeitig erhoben, erlischt der Anspruch des Prüflings auf Beseitigung des Mangels und seiner Folgen. Schulen sind grundsätzlich nicht verpflichtet, die Schülerschaft auf die Notwendigkeit einer rechtzeitigen Rüge hinzuweisen.[133]

Die Thematik ausgefallenen Unterrichts vor Prüfungen wurde jüngst im Zusammenhang mit der **COVID-19-Pandemie** („Corona-Pandemie") relevant, als die Schulen in Deutschland für einen längeren Zeitraum geschlossen werden mussten und der Unterricht in erster Linie in Form eines (digitalen) Fernunterrichts durchgeführt wurde. Klagen von Schülerinnen und Schülern, die sich anschließend gegen schlechte Ergebnisse in Abiturprüfungen zur Wehr setzten, wurden ganz überwiegend mit dem Hinweis negativ beschieden, dass es an einer rechtzeitigen Rüge des Prüflings gemangelt habe.[134] Ebenfalls wurde von den Gerichten in diesem Zusammenhang hervorgehoben, dass der Ausbildungsmangel nicht in der Verantwortungssphäre der Schulen lag, sondern dass es sich um äußere Umstände gehandelt habe, von denen alle Prüflinge betroffen waren. In diesen Fällen läge ein beachtlicher Ausbildungsmangel nur dann vor, wenn eine angemessene Prüfungsvorbereitung schlechterdings nicht möglich war.

In dem **Praxisbeispiel** stand die Prüfung am Ende des Bildungsganges für sich allein, ohne dass es eine engere Verknüpfung zur vorherigen Ausbildungsphase gab: „Etwaige Ausbildungsmängel", so schreibt daher das *VG Berlin*, „durch die krankheitsbedingte Fehlzeit der Lehrerin Frau R. und den damit verbundenen Unterrichtsausfall im Zeitraum 6. November 2018 bis zum 26. Februar (…) würden allein nicht dazu führen, dass die Bewertung seiner Leistungen in diesem Fach beurteilungsfehlerhaft wäre."

„Alles nur geklaut!" – Umgang mit Täuschungen

3

Kommen wir nun zu einem Thema, welches es wohl schon so lange gibt, wie Kinder und Jugendliche ihre Leistungen im Unterricht unter Beweis stellen müssen – doch nicht nur dort: Als „Plagiarius" – Menschenräuber bzw. Seelenverkäufer – beschrieb der Dichter Martialis im Alten Rom scherzhaft Fidentinus, der sich die Urheberschaft über seine Dichtungen angemaßt hatte. Bis in die heutige Zeit ist uns diese Metapher erhalten geblieben, wenn wir denjenigen, der sich fremdes Geisteseigentum als eigenes anmaßt, als **Plagiator** und die Tat als **Plagiat** bezeichnen.

Der Begriff „Plagiat" ist kein Rechtsbegriff, sondern er umschreibt ähnlich wie „Mobbing" lediglich einen bestimmten Sachverhalt, der rechtlich zu würdigen ist. In unserer Alltagssprache steht er für verschiedene Dinge: Angefangen bei nachgemachten Produkten, die dem Original zum Verblüffen ähnlich sehen, über Musikstücke, die man doch so oder ähnlich schon einmal irgendwo gehört hat, bis hin zum Abschreiben aus fremden Werken im Bereich der Schulen, Hochschulen und Universitäten. Das Problem ist allerdings immer dasselbe: Genau wie Fidentinus geriert sich jemand als der wahre Schöpfer bzw. Urheber eines Werkes, obwohl er es eigentlich gar nicht ist, weil er sich entweder in unzulässiger Weise bei einem Dritten bedient (Beispiel: Ein Schüler schreibt für seine Arbeit aus einem Fachbuch ab) oder ein fremdes Werk vollständig als eigenes ausgibt (Beispiel: Eine Schülerin lässt eine schriftliche Ausarbeitung durch einen Ghostwriter erstellen). Auch der „Ideenklau" gehört dazu.

3.1 Bedeutung des Plagiats in Schule und Wissenschaft

Dass das Abschreiben in einer Klassenarbeit oder in einer Klausur nicht erlaubt ist, weiß jeder in der Schule. Dass die Übernahme fremder Inhalte in anderen Leistungskontrollen wie beispielsweise schriftlichen Ausarbeitungen ebenfalls unzulässig ist, sofern der fremde Teil nicht kenntlich gemacht und mit einer Quellenangabe versehen wird, scheint entweder noch nicht so in den Köpfen der Schülerinnen und Schüler verbreitet zu sein oder aber – was wahrscheinlicher ist – es wird von ihnen eher als ein Kavaliersdelikt angesehen.

Doch nicht nur dort: Vor allem im Bereich der Wissenschaft an den Hochschulen und Universitäten ist das Plagiieren seit geraumer Zeit ein großes Problem, was durch die Entwicklung der modernen Medien noch erheblich verstärkt wurde. Denn gerade durch das Internet ist es möglich geworden, Zugang zu zahlreichen Informationen und fremden Werken zu bekommen und diese dann mit Hilfe des „copy and paste"-Verfahrens in die eigene Arbeit zu übertragen.

In seinem lesenswerten Buch „Das Wissenschaftsplagiat"[135] stellt der Universitätsprofessor *Rieble* – unter z.T. ausdrücklicher Nennung der Plagiatoren – zahlreiche Fälle vor, bei denen erhebliche Urheberrechtsverletzungen begangen wurden: Da wird beispielsweise auf eine Abiturprüfung hingewiesen, die sich ein Schüler durch Abschreiben erschleichen wollte[136], es wird von einer Studentin der Rechtswissenschaften berichtet, die sich ihre Hausarbeit zum Ersten Staatsexamen gegen Zahlung von 2000 Euro von einem akademischen Ghostwriter anfertigen ließ – und trotzdem durchfiel[137] – oder es werden Promotionsarbeiten genannt, in denen z.T. mehrere Seiten aus anderen Werken wortwörtlich übernommen sind. Dass das Plagiieren selbst vor der Professorenschaft nicht Halt macht, überrascht – oder doch besser: enttäuscht – am meisten, denn gerade sie sollten doch die Regeln des wissenschaftlichen Arbeitens erst recht beherzigen. So berichtet *Rieble* weiter davon, dass ein Professor der Slawistik die Staatsexamensarbeit einer Studentin unter eigenem Namen in einer Festschrift veröffentlichte oder wie Professoren für das Schreiben „eigener" Lehrbücher auf Werke anderer Wissenschaftler zurückgreifen.

Traurige Berühmtheit erlangten die Plagiatsvorwürfe gegen die Politiker *zu Guttenberg, Koch-Mehrin, Schavan* – und jüngst 2021 die ehemalige Familienministerin *Giffey*. Alle hatten jeweils in ihren Dissertationen fremde Inhalte in erheblicher Weise verwendet, ohne dieses hinreichend kenntlich zu machen.

In einer der wenigen vorhandenen **Studien** erforschte der Soziologe *Sattler* das Abschreiben von Schülern und Studierenden.[138] In einer Umfrage gaben rund 56% der Studierenden an, dass sie bereits in der Schule in unzulässiger Weise fremde Gedanken oder Zitate ohne Quellenangabe bewusst übernommen hätten, für das Studium selbst traf das auf jeden Fünften zu.

Vor diesem Hintergrund muss es eine wichtige Aufgabe der Institution „Schule" sein, die Schülerinnen und Schüler für das Thema zu sensibilisieren. Es muss ihnen auf der einen Seite immer wieder verdeutlicht werden, dass das Abschreiben aus anderen Werken für schriftliche Ausarbeitungen gerade kein Kavaliersdelikt ist, sondern genauso verboten ist wie das

„Schummeln" in Klassenarbeiten und Klausuren. Sie müssen lernen, dass sie – einem Dieb gleich – geistiges Eigentum stehlen und dies verschiedene Sanktionen (auch strafrechtliche!) auslösen kann. Auf der anderen Seite muss den Schülerinnen und Schülern aber auch das entsprechende Rüstzeug an die Hand gegeben werden: Nur wenn sie im Unterricht die Techniken des wissenschaftlichen Arbeitens einüben und erfahren, wie es richtig geht, besteht auch die Chance, Urheberrechtsverletzungen in der Schule und ggf. später im Studium zu minimieren.

3.2 Vorliegen einer unzulässigen Täuschung (Voraussetzungen)

Leistungsbeurteilungen – egal ob in den alltäglichen Klassenarbeiten und Klausuren oder den staatlichen Abschlussprüfungen wie z. B. der Abiturprüfung – müssen aus rechtlicher Sicht immer bestimmten Anforderungen genügen. Eine der Grundvoraussetzungen ist es, dass der Schüler die Leistung **persönlich und ohne unzulässige fremde Hilfe** erbringt, denn nur „so kann es gerechtfertigt sein, ihm diesen Erfolg in gleicher Weise persönlich zuzurechnen und ihn hinsichtlich der daran geknüpften Bedingungen günstiger zu stellen als andere, weniger erfolgreiche Prüflinge".[139]

Im Prüfungsrecht ist der Grundsatz der Chancengleichheit wie bereits dargestellt von überragender Bedeutung, denn er soll sicherstellen, dass alle Prüflinge dieselben Bedingungen vorfinden. Wenn sich jemand im Rahmen einer Leistungskontrolle einen unzulässigen Vorteil verschafft, dann fehlt es jedoch an der erforderlichen Chancengleichheit: In diesem Fall täuscht er die Lehrkraft bzw. Prüfer über seinen wahren Leistungsstand, weshalb es zu einer Besserstellung gegenüber den übrigen, nicht täuschenden Mitschülern, kommen kann.

Wann liegt eine solche Täuschung vor? Drei Voraussetzungen müssen kumulativ erfüllt sein[140]:

3.2.1 Täuschungshandlung

In objektiver Hinsicht bedarf es zunächst einmal einer Täuschungshandlung. Diese kann qualitativ in **zwei unterschiedlichen Spielarten** vorliegen: Entweder suggeriert ein Prüfling, dass eine eigenständige Prüfungsleistung vorliegt (Beispiel: In Wahrheit hat Schüler T von seinem Sitznachbarn abgeschrieben) oder der Prüfling erweckt den Anschein, dass er seine Leistung auf reguläre Art und Weise ausschließlich mit den zugelassenen Hilfsmitteln erbracht hat (Beispiel: In Wahrheit hat Schüler T einen Spickzettel benutzt). In zeitlicher Perspektive kann diese Handlung bereits vollendet sein

(Beispiel: Dem Lehrer fallen Ungereimtheiten erst im Rahmen der Korrektur auf) oder noch im Versuchsstadium stecken (Beispiel: Ein Schüler wird auf „frischer Tat“ beim Schummeln ertappt). Beide zeitlichen Komponenten – Vollendung oder Versuch – sind für das Vorliegen einer Täuschungshandlung grundsätzlich gleichwertig und spielen nur für das „Strafmaß“ eine Rolle.

Bei **Klassenarbeiten, Klausuren oder mündlichen Prüfungen** ist die Schwelle zum „Jetzt-geht-es-los“ bzw. das Versuchsstadium spätestens dann erreicht, wenn die Schülerin oder der Schüler den Prüfungsraum mit einem unzulässigen Hilfsmittel betritt.[141] Welche Hilfsmittel zulässig sind, entscheidet vor Klausurbeginn die Lehrkraft. Unerheblich ist es grundsätzlich, ob die Vorteilsverschaffung auch tatsächlich gelingt, weil vielleicht eine Lehrkraft noch vor Benutzung des Hilfsmittels dieses entdeckt (Beispiel: Spickzettel unter dem Tisch des Schülers). Auch spielt es keine Rolle, dass das mitgeführte Hilfsmittel in Wahrheit gar nicht dazu geeignet ist, die Bearbeitung der Prüfungsaufgabe zu erleichtern, weil der „Spickzettel“ beispielsweise sachlich falsche Informationen enthält. Es ist lediglich erforderlich, dass ein thematischer Zusammenhang zwischen dem Gegenstand der Klassenarbeit bzw. Klausur und dem Hilfsmittel besteht und das Hilfsmittel somit generell zur Täuschung geeignet ist.

Im Rahmen von **schriftlichen Ausarbeitungen** wie Projekt- oder Facharbeiten wird die Täuschungshandlung regelmäßig darin liegen, dass die Schülerin oder der Schüler etwas in unzulässiger Weise aus einem fremden Werk entnimmt – oder urheberrechtlich genauer gesprochen: Sie oder er zitiert in der Arbeit ein fremdes Werk, ohne die Anforderungen des § 51 UrhG zu beachten (vgl. dazu 4.4 Exkurs: Richtiges Zitieren nach dem Urheberrechtsgesetz). In diesem Fall kommt es darauf an, ob **wesentliche Teile** von einer fremden Person ohne Kenntlichmachung übernommen wurden, es darf sich nicht lediglich um einen völlig unbedeutenden Umfang und damit um einen Bagatellverstoß handeln. Sehr instruktiv schreibt dazu der *VGH München*, der über das Abschreiben aus der bei Schülern beliebten Internetquelle www.hausarbeiten.de im Rahmen einer Facharbeit zu entscheiden hatte: „Stammen indes wesentliche Teile der zur Bewertung gestellten Leistung nicht vom Prüfling selbst, sondern von einer anderen Person und macht der Prüfling dies nicht kenntlich, so liegt eine Täuschung (Unterschleif) vor (...). Dies gilt grundsätzlich auch für die (...) zu fertigende Facharbeit. Allerdings gehört die Verwertung von Literatur zum Wesen einer derartigen wissenschaftlichen Arbeit und ist bei der Anfertigung einer Facharbeit daher ein zulässiges Hilfsmittel. Sie ist jedoch dann unerlaubt, wenn der Schüler die von ihm verwertete Literatur nicht angibt oder gar fremde Texte wörtlich übernimmt, ohne kenntlich zu machen, dass es sich um ein Zitat handelt."[142]

Handelt es sich hingegen nur um **einige, wenige Textstellen**, die im Vergleich zum Gesamtumfang weder von nennenswertem Umfang noch inhaltlich von Bedeutung sind, dann ist nur von einer Unvollständigkeit des wissenschaftlichen Apparats auszugehen, was in der Notenfindung angemessen zu berücksichtigen ist. Eine Täuschung liegt dann nicht vor. Damit stellt sich zwangsläufig die Frage, wann die Grenze des nicht nennenswerten bzw. geringfügigen Umfangs überschritten ist. Mit dem *VG Berlin* wird man davon ausgehen können, dass dies spätestens bei Übernahmen in einem Umfang von 11% des Gesamtumfangs der Fall ist.[143]

Der Vollständigkeit halber soll noch auf einige **Problemfälle** eingegangen werden, die im Zusammenhang mit dem Kenntlichmachen fremder Gedanken und der damit verbundenen Verpflichtung zur Quellenangabe auftreten können: So berufen sich beispielsweise einige Prüflinge darauf, dass sie zwar in ihrem Text die fremden Gedanken nicht kenntlich gemacht hätten, dafür aber doch die Quelle im **Literaturverzeichnis angeführt** sei und deshalb schon gar keine Täuschungshandlung vorliegen könne. Dem steht jedoch entgegen, dass die Pflicht zum genauen Zitieren den Prüfern vor allem verdeutlichen soll, welche Stellen der Arbeit nicht auf eigenen Gedanken beruhen. Ob die Quelle von den Prüfern leicht ausfindig gemacht werden kann oder ihnen ohne weiteres zugänglich ist, ist daher unerheblich.[144] Aus dem gleichen Grund kann sich ein Schüler auch nicht darauf berufen, dass die Quelle doch in einer anderen Fußnote an anderer Stelle in einem anderen sachlichen Zusammenhang zitiert wurde, denn auch in diesem Fall wird für den Prüfer nicht deutlich, welche Gedanken der Schüler von einer fremden Person übernommen hat und an welchen Stellen dieses geschehen ist.[145] Auch kann sich ein Schüler nicht darauf berufen, dass er doch unter Abbildungen, die in dem Text eingefügt worden sind, eine Quelle angeführt habe und diese sich auch auf den Text beziehe. Ein solcher Nachweis reicht jedoch nicht aus, da die unter einer Abbildung angebrachte Quellenangabe ohne besondere Hinweise nur so verstanden werden kann, dass sie sich ausschließlich auf die Abbildung und nicht auch auf den Text bezieht.[146]

Bei **sonstigen Leistungsbeurteilungen** (Beispiel: häusliches Anfertigen eines Bildes für den Kunstunterricht) kann die unzulässige Vorteilsverschaffung auch darin liegen, dass eine andere Person entweder erheblich an der Fertigstellung mitwirkt oder – im Extremfall – das Werk ganz allein ohne Zutun des Schülers herstellt.

Reine Vorbereitungshandlungen stellen demgegenüber noch keine beachtlichen Täuschungshandlungen dar (Beispiel: das Vorbereiten des Spickzettels vor der Schule), ebenso, wenn ein Prüfling ausschließlich zugunsten eines anderen Prüflings unerlaubt Hilfe leistet und ihn beispielsweise **abschreiben** lässt.[147]

3.2.2 Kenntnis der maßgeblichen Umstände (Vorsatz)

In subjektiver Hinsicht ist erforderlich, dass der Schüler die maßgeblichen Umstände kennt. Er muss wissen, dass er ein unzulässiges Hilfsmittel mit sich führt bzw. einsetzt und er muss (zumindest) **billigend in Kauf nehmen**, dass die Lehrkraft bzw. der Prüfer die Übernahme der fremden Inhalte nicht bemerkt und die Arbeit als eigenständige Leistung des Schülers bewertet. Fahrlässiges Verhalten des Schülers reicht nicht aus.

3.2.3 Nachweisbarkeit und „Beweis des ersten Anscheins"

PRAXIS BEISPIEL

Schülerin A schreibt ihre Abiturprüfungen. Bei der Korrektur ihrer schriftlichen Arbeiten in den Fächern Biologie und Sozialkunde fällt den Lehrern auf, dass es eine Vielzahl von textlichen Übereinstimmungen mit den Erwartungshorizonten gibt. In den beiden Klausuren werden zudem schüleruntypische Fachbegriffe benutzt, sogar Fehler aus den Erwartungshorizonten sind enthalten. Der Vater von A ist einer der beiden hauptverantwortlichen Sachbearbeiter für die Auswahl der Prüfungsaufgaben im zuständigen Ministerium. Über mehrere Wochen hatte er ungehinderten und unbeobachteten Zugang zu den Abituraufgaben einschließlich der Erwartungshorizonte (nach *VG Mainz*, Beschl. v. 8.10.2014 – 6 L 925/14.MZ = juris).

Die **Beweislast** für das Vorliegen einer Täuschung trägt grundsätzlich die Schule, d. h., sie muss beweisen, dass sich jemand wissentlich einen unzulässigen Vorteil verschaffen wollte bzw. verschafft hat. Erforderlich ist insoweit eine *hinreichende Gewissheit* für das Vorliegen der objektiven und subjektiven Voraussetzungen. Reichen die Beweismittel nicht aus, um mit hinreichender Gewissheit eine Täuschung oder deren Versuch nachzuweisen, so muss die Leistung in der üblichen Form bewertet werden.

Beweis des ersten Anscheins

Hiervon allerdings besteht eine wichtige Ausnahme: der „Beweis des ersten Anscheins". In der Rechtsprechung[148] und in der Literatur[149] ist anerkannt, dass sich unter besonderen Voraussetzungen die Beweislage zugunsten der Lehrkraft verschiebt: „Die allgemeinen Voraussetzungen", so schreibt das *BVerwG*, „für die Anwendung des Beweises des ersten Anscheins zum erleichterten Nachweis bestimmter Tatsachen im Verwaltungsprozess sind in der Rechtsprechung des Bundesverwaltungsgerichts geklärt. Hierfür müssen zwei Voraussetzungen erfüllt sein: Zum einen muss die nachzuweisende Tatsache auf einen **typischen Sachverhalt** [Hervorhebung durch den Verf.] gestützt werden können, der aufgrund allgemeinen Erfahrungswissens zu dem Schluss berechtigt, dass die Tatsache vorliegt. Zum anderen dürfen keine tatsächlichen Umstände gegeben sein, die ein atypisches Geschehen im Einzelfall ernsthaft möglich erscheinen lassen. (...) Für die Aufklärung, ob eine andere Ursache für die weitgehende Übereinstimmung in Betracht kommt, bedarf es der Mitwirkung des Prüfungsteilnehmers. Nur er kann eine plausible andere Erklärung für die Übereinstimmung beibringen. Ergibt die Sachaufklärung keine Anhaltspunkte, die eine andere Ursache als die Kenntnis der Lösungshinweise nachvollziehbar erscheinen lassen, steht fest, dass der Prüfungsteilnehmer keine eigenständige Prüfungsleistung erbracht, sondern dies vorgespiegelt hat. Eine solche Bearbeitung ist von vornherein ungeeignet, eine Aussage über die Kenntnisse und Fähigkeiten zu treffen, deren Nachweis die Prüfung dient."[150]

Legen die äußeren Umstände den Verdacht nahe, dass nicht nur ein Einzelner getäuscht haben könnte, sondern gleich **mehrere oder gar die gesamte Lerngruppe** (Beispiele: Nach einer Klassenarbeit wird auf der Toilette eine Lösungsskizze gefunden; die (Prüfungs-)Aufgabe oder der Erwartungshorizont waren vorher bekannt geworden), so muss auch in diesen Fällen eine vorsätzliche Täuschungshandlung durch die Schule nachgewiesen werden (gegebenenfalls auch über das Instrument des Anscheinsbeweises, vgl. dazu sogleich die verschiedenen Beispiele). Eine einfache Vermutung, dass dem wohl so gewesen ist, reicht hingegen nicht aus.[151]

Beispiele
Von einem typischen Sachverhalt, wie ihn die Rechtsprechung fordert, wird man beispielsweise dann ausgehen können, wenn ein Schüler für ihn **völlig untypische Formulierungen** benutzt oder eine schwächere Schülerin dieselben Formulierungen benutzt hat wie der eher gute Schüler, der während der Arbeit neben ihr gesessen hat. Stimmt die Bearbeitung einer Aufgabe nach Formulierungen, Aufbau und Gedankenführung weitgehend mit den nur für den Prüfer bestimmten **Lösungshinweisen** überein, berechtigt dieser Sachverhalt typischerweise zu dem Schluss, der Prüfungsteilnehmer habe die Lösungshinweise gekannt und seiner Bearbeitung zugrunde gelegt.[152]
Ein Anscheinsbeweis liegt ebenfalls vor, wenn der Prüfling ein **unzulässiges Hilfsmittel** (Beispiel: Schul- oder Lehrbuch) mitführt.[153] Auch spricht der

erste Anschein für eine Täuschung, wenn **zwei Arbeiten in Inhalt und Form** nicht mehr nur punktuelle Gemeinsamkeiten aufweisen und dieses nicht mehr ein zufälliges Ergebnis sein kann. Allerdings darf in diesem Fall nicht automatisch vermutet werden, dass die Täuschung von dem schwächeren Schüler ausgeht.[154]

In dem obigen **Praxisbeispiel** ist das *VG Mainz* nach den Regeln des Anscheinsbeweises vom Vorliegen einer Täuschungshandlung ausgegangen. Zu den Bemühungen der Schülerin, sich vom Täuschungsvorwurf zu exkulpieren, führt das Gericht aus: „Auch der Einwand der Antragstellerin, sie habe intensiv zu Hause gelernt und sich gemeinsam mit ihrem Vater auf die Prüfung vorbereitet, begründet nicht die ernsthafte Möglichkeit eines von der Annahme einer Täuschungshandlung abweichenden Verlaufs. Denn selbst wenn die Antragstellerin sich auf die von ihr beschriebene Art und Weise auf die Abiturprüfung vorbereitet haben sollte, erklärt dies nicht einmal ansatzweise die Vielzahl der unstreitig vorhandenen Übereinstimmungen zwischen ihren Arbeiten und den Erwartungshorizonten, etwa in der Formulierung, in der Verwendung von Fachbegriffen oder in der Nennung in Betracht kommender Lösungsmöglichkeiten (…). Diese lassen sich nachvollziehbar nur damit erklären, dass die Antragstellerin Kenntnis vom Inhalt der Erwartungshorizonte hatte. Schließlich vermag auch die Aussage der Antragstellerin, keine Täuschungshandlung begangen zu haben und sich die Übereinstimmungen nicht erklären zu können, keinen von der Annahme einer Täuschungshandlung abweichenden Lebenssachverhalt ernsthaft zu begründen.“

3.2.4 Beispiele aus der Rechtsprechung

In der folgenden Übersicht wurden einige interessante Entscheidungen zusammengetragen, bei denen es um den Vorwurf einer Täuschung in Schule und Studium ging.

Übersicht 7: Entscheidungssammlung zu Täuschungen in Schule und Studium
Schriftliche (Abitur-)Prüfungen
• Erstellung einer Abiturarbeit in Kenntnis des Erwartungshorizonts ist ein schwerer Fall der Täuschungshandlung *(VG Mainz*, Beschl. v. 8.10.2014 – 6 L 925/14.MZ = juris) • Mitführen von zwei „Spickzetteln" in Federmäppchen stellt unzulässige Täuschung dar (*BayVGH*, Beschl. v. 11.3.2008 – 7 ZB 07.612 = juris) • Wörtliche Wiedergabe auswendig gelernter Texte aus einem „Abiturtrainer" ist in einer schriftlichen Abiturprüfung nicht als Täuschung zu werten, sondern als schlichte Reproduktionsleistung aus dem Anforderungsbereich I (*OVG Rheinland-Pfalz*, Urt. v. 4.12.1998 – 2 A 11233/98 = SPE 546, Nr. 21) • Markierungen und Hervorhebungen in grundsätzlich zugelassenen Hilfsmitteln (hier: Gesetzestext), die nicht mehr nur die Funktion einer reinen Lesehilfe haben, sind unzulässig (*VG Mainz*, Urt. v. 11.12.2002 – 7 K 502/02 = NJW 2003, S. 1545)

Schriftliche Ausarbeitung / Facharbeit
• Fehlende Kenntlichmachung verwendeter Literatur in schriftlicher Hausarbeit (*OVG Nordrhein-Westfalen*, Urt. v. 12.7.1983 – 15 B 1097/83 = NJW 1983, S. 2278) • Wörtliche Übernahme eines fremden Textes „über weite Strecken", ohne kenntlich zu machen, dass es sich um ein Zitat handelt (*Hess. VGH*, Beschl. v. 20.6.1989 – 6 UE 2779/88 = DVBl. 1989, S. 1277) • Übernahme fremder Textpassagen in einem Umfang von 11% (*VG Berlin*, Urt. v. 15.4.2009 – 12 A 319.08 = juris) • Übereinstimmung einer Abiturfacharbeit mit einer Internetquelle zu rund 95% stellt einen besonders schweren Täuschungsversuch (*VG München*, Beschl. v. 22.4.2008 – M 3 E 08.1703 = juris) • Übernahme von rund 50% eines von einem anderen hergestellten Modells, ohne die fremde Urheberschaft kenntlich zu machen (*VG München*, Beschl. v. 4.5.2009 – M 3 09.1776 = juris) • Erbringen eines wesentlichen Teils einer schriftlichen Ausarbeitung durch den Vater (*BayVGH*, Beschl. v. 17.11.2000 – 7 ZE 00.2885 = juris) • Anfertigenlassen einer schriftlichen Hausarbeit durch einen „Ghostwriter" (*VG Köln*, Urt. v. 15.12.2005 – 6 K 6285.04 = WissR 2006, S. 176)

3.3 Konsequenzen für die Leistungsbeurteilung

Dass eine nachgewiesene Täuschung zwingend auch eine Konsequenz für die Leistungsbeurteilung haben muss, ergibt sich zum einen daraus, dass nicht mehr für alle Schülerinnen und Schüler die gleichen äußeren Rahmenbedingungen vorlagen und sie somit auch nicht mehr die **gleichen Chancen** im Rahmen der Leistungskontrolle hatten. Bei einer Täuschung liegt ein wesentlicher Mangel in der Leistungsmessung vor, da die zu beurteilende Leistung nicht eindeutig einem Schüler zugeordnet werden kann.

Zum anderen ist eine Sanktionierung auch aus **pädagogischen Gründen** dringend geboten: Die Schule hat im Rahmen ihrer Erziehungsarbeit auch die Aufgabe, den Grundsatz der Chancengleichheit zu vermitteln. Nach *Hoegg* müsse dem jeweiligen Schüler verdeutlicht werden, dass Verhaltensweisen, bei denen um des eigenen Vorteils willen andere geschädigt werden, von Schule und Gesellschaft nicht gebilligt werden können.[155]

Schließlich wird bei Täuschungshandlungen häufig auch gegen das **Urheberrecht** verstoßen, denn fremde Gedanken dürfen nur dann wörtlich oder sinngemäß für eine eigene Arbeit übernommen werden, wenn die Anforderungen an ein rechtmäßiges Zitat (§ 51 UrhG) vorliegen.

3.3.1 Schwere der Täuschungshandlung als Orientierungskriterium

Welche konkreten Konsequenzen die Täuschung für die Beurteilung der Schülerleistung haben kann (oder sollte), ist damit aber noch nicht geklärt. Da in verschiedenen Bildungsgang- und Prüfungsordnungen der Länder auf die Schwere der Täuschungshandlung abgestellt wird, erscheint es für die Beantwortung der Frage zweckmäßig, sich zunächst verschiedene Fallgruppen noch einmal zu vergegenwärtigen:

Zur Fallgruppe der **schweren arglistigen Täuschungen** zählen diejenigen Verhaltensweisen, bei denen sich der Prüfling die Prüfungsleistung durch grobe Täuschungsmanöver erschlichen hat. Das ist beispielsweise bei dem organisierten Zusammenwirken mehrerer Personen oder bei einem aufwendigen Einsatz technischer Hilfsmittel der Fall. Ob allerdings bereits auch dann von einem schweren Fall gesprochen werden kann, wenn der Prüfling ein Lösungsmuster benutzt, ist fraglich.[156]

Eine weitere Fallgruppe bildet die **Vorteilsverschaffung**. Sie umfasst diejenigen Fälle, bei denen es dem Prüfling gelungen ist, sich durch ein Hilfsmittel einen Vorteil vor seinen Mitprüflingen zu verschaffen. Auch wird man diejenigen Fälle hinzuzählen müssen, bei denen im Rahmen von längeren schriftlichen Ausarbeitungen benutzte Literatur nicht angegeben wird oder fremde Texte wörtlich übernommen und nicht kenntlich gemacht werden.[157]

Von einer **Täuschung in einem leichteren Fall** wird man schließlich dann ausgehen können, wenn es lediglich zu einem Täuschungsversuch kommt. Bei dieser Fallgruppe hat sich der Prüfling den Vorteil noch nicht verschaffen können, jedoch bereits mit dessen Versuch begonnen. Von einem solchen Täuschungsversuch wird man (in Anlehnung an die strafrechtliche Dogmatik) dann sprechen müssen, wenn der Prüfling unmittelbar zu der Täuschung angesetzt hat, er die Schwelle zum „Jetzt-geht-es-los“ überschritten hat (siehe dazu bereits weiter oben).

3.3.2 Prüfungen

Für viele schulische Abschlussprüfungen (Beispiel: Prüfung zum Erwerb der Allgemeinen Hochschulreife) geben die Rechtsvorschriften der einzelnen Bundesländer zumeist die möglichen Rechtsfolgen vor. So heißt es beispielsweise im Bremischen Schulgesetz (BremSchulG § 40 Absatz 1): „Versucht ein Prüfling, das Ergebnis der Prüfung durch Täuschung zu beeinflussen, ist die gesamte Prüfung für nicht bestanden zu erklären. In leichteren Fällen ist die betroffene Teilleistung für nicht bestanden zu erklären.“

3.3.3 Sonstige Leistungskontrollen

Keine ausdrücklichen Regelungen enthalten die meisten Landesvorschriften zu den Täuschungen in allen anderen Leistungskontrollen, die Schülerinnen und Schüler im Schulalltag erbringen müssen. Als mögliche Konsequenz käme in Betracht, die gesamte Leistungskontrolle mit der Note „ungenügend“ zu bewerten, dieses lediglich auf die entsprechende Teilaufgabe zu beschränken oder von dem Prüfling eine völlig neue Lernkontrolle anfertigen zu lassen. Zumindest die letzte Variante kann und darf nicht die Konsequenz einer Täuschung sein. Zum einen wäre es denkbar, dass einem täuschenden Schüler die neue Leistungskontrolle besser liegt als die alte. Dann würde ihm durch die Täuschung sogar ein Vorteil verschafft werden, den alle anderen redlichen Schüler nicht haben. Zum anderen spricht gegen eine Wiederholung, dass Leistungskontrollen dadurch für den Prüfling zum „risikolosen Geschäft“[158] werden: „Man kann es ja mal versuchen, und wenn es nicht klappt, habe ich ja noch eine zweite Chance!“ Auch eine Beschränkung der Note „ungenügend“ auf die jeweilige Teilaufgabe ist problematisch. Einerseits kann nicht sichergestellt werden, dass nicht auch schon bei den anderen Teilaufgaben getäuscht wurde (die aufgedeckte Täuschung spricht wohl eher dafür!).

Andererseits wäre es problematisch, diejenigen Fälle angemessen zu sanktionieren, bei denen es noch zu keiner „vollendeten Tat“ gekommen ist, sondern der oder die Täuschende im Rahmen des Versuchs entdeckt wird: Will man bei diesem eigentlich leichteren Fall eine beliebige Teilaufgabe auswählen und entsprechend beurteilen? Überzeugender ist es daher wohl, jede Täuschungshandlung – vom Versuch bis zur arglistigen Vorteilsverschaffung – derart zu ahnden, dass die gesamte Leistungskontrolle mit der Note „ungenügend" beurteilt wird.

3.4 *Exkurs*: Richtiges Zitieren nach dem Urheberrechtsgesetz

Worauf muss man nun aber achten, wenn fremde Inhalte für eine eigene Arbeit übernommen werden sollen?[159] Aus urheberrechtlicher Sicht gestaltet sich die Sachlage recht einfach: Jede Übernahme fremder Inhalte stellt eine Vervielfältigung i.S.d. § 16 UrhG dar. Da jedoch grundsätzlich dem Urheber allein das Recht zusteht, darüber zu entscheiden, ob und ggf. was von seinem Werk kopiert wird, müsste sich die Schülerin bzw. der Schüler auf eine gesetzliche Ausnahmebestimmung (**Schrankenbestimmung**) berufen können, die ausnahmsweise die Vervielfältigung auch ohne ausdrückliche Erlaubnis des Urhebers gestattet. Als eine solche Ausnahmebestimmung kommt hier das **Zitatrecht gem. § 51 UrhG** in Betracht.

Übersicht 8: Anforderungen an ein rechtmäßiges Zitat gem. § 51 UrhG

Zulässig ist die Vervielfältigung, Verbreitung und öffentliche Wiedergabe eines veröffentlichten Werkes zum Zweck des Zitats, sofern die Nutzung in ihrem Umfang durch den besonderen Zweck gerechtfertigt ist. Zulässig ist dies insbesondere, wenn

1. einzelne Werke nach der Veröffentlichung in ein selbstständiges wissenschaftliches Werk zur Erläuterung des Inhalts aufgenommen werden,
2. Stellen eines Werkes nach der Veröffentlichung in einem selbstständigen Sprachwerk angeführt werden,
3. einzelne Stellen eines erschienenen Werkes der Musik in einem selbstständigen Werk der Musik angeführt werden.

Von der Zitierbefugnis gemäß den Sätzen 1 und 2 umfasst ist die Nutzung einer Abbildung oder sonstigen Vervielfältigung des zitierten Werkes, auch wenn diese selbst durch ein Urheberrecht oder ein verwandtes Schutzrecht geschützt ist.

3.4.1 Zitate in Sprachwerken

Während § 51 Nr. 1 UrhG das sogenannte Großzitat regelt, das die vollständige Übernahme einzelner Werke für ein neues wissenschaftliches Werk erlaubt, ist für die Schule vor allem § 51 Nr. 2 UrhG von Bedeutung. Dieses **Kleinzitat** setzt kein wissenschaftliches Werk voraus, sondern lässt es vielmehr ausreichen, dass ein neues selbstständiges **Sprachwerk** geschaffen wird. Dazu zählt beispielsweise eine schriftliche Hausarbeit. Das Sprachwerk muss jedoch auch **selbstständig** sein. Daran mangelt es beispielsweise dann, wenn in dem neuen Sprachwerk lediglich fremde Zitate aneinandergereiht werden, denn dann liegt keine wesentliche eigene Leistung vor.[160] Auch darf es sich bei dem neuen Sprachwerk nicht lediglich um eine Bearbeitung oder sonstige Umgestaltung des zitierten Werks handeln.

Übernommen bzw. vervielfältigt werden darf im Rahmen des Kleinzitats nicht das vollständige fremde Werk, sondern lediglich **Stellen**, d.h. kleine Ausschnitte. Dabei gilt weder eine Beschränkung auf ein oder zwei Kernsätze noch gibt es eine Regel, dass das Zitat nicht länger als eine DIN-A4-Seite sein darf. Entscheidend für den zulässigen Umfang ist immer das Verhältnis zwischen dem beabsichtigten Zitat und dem Gesamtumfang des zitierten Werkes.[161] Ausnahmsweise dürfen auch längere Passagen übernommen werden, nämlich dann, wenn sich die Bedeutung mit dem kleinen Ausschnitt nur unvollkommen belegen oder veranschaulichen ließe.[162] Das ist insbesondere bei Zeichnungen, Grafiken und Karikaturen der Fall.

Darüber hinaus muss das Zitat einen bestimmten *Zweck* verfolgen. Es ist grundsätzlich nur zulässig, wenn es als Belegstelle oder Erörterungsgrundlage für selbständige Ausführungen des Zitierenden dient und eine innere Verbindung zu den eigenen Gedanken aufweist.[163] Daran fehlt es beispielsweise, wenn das Zitat nur der Ausschmückung dient oder es lediglich ein Blickfang sein soll (Beispiel: Bild auf der Titelseite ohne näheren Bezug zur Arbeit[164]).

Schließlich muss das Zitat **angeführt** werden. Es ist also erforderlich, dass die übernommene Stelle kenntlich gemacht wird, denn sonst kann es dem Zitatzweck nicht dienen. Entsprechend der Amtlichen Regelung der deutschen Rechtschreibung von 2006 werden wörtlich wiedergegebene Textstellen mit Anführungszeichen kenntlich gemacht.

3.4.2 Änderungsverbot

Während es den Lehrkräften ausdrücklich gestattet ist, bei der Vervielfältigung fremder Werke für den Unterricht oder für Prüfungen Veränderungen daran vorzunehmen (soweit es für die Veranschaulichung des Unterrichts erforderlich ist, § 62 Abs. 5 UrhG), gilt dies für Schülerinnen und Schüler und andere Zitierende grundsätzlich nicht. Hiervon gibt es nur einige wenige Ausnahmen:

Zunächst einmal ist es bei schriftlichen Zitaten zulässig, **Wortverschiebungen** vorzunehmen, um den zitierten Satz in ein umfassenderes Satzgefüge einzuflechten.[165] Üblicherweise werden Auslassungen durch „(…)" gekennzeichnet, Worteinfügungen durch „[ergänztes Wort, d. Verf.]". Auch ist es gestattet, statt in direkter Sprache in **indirekter Sprache** zu zitieren.[166] Sollen Werke der bildenden Künste oder Lichtbildwerke zitiert werden, dann ist es zulässig, sie in eine andere **Größe** zu übertragen oder sie mit solchen Änderungen zu versehen, die das Vervielfältigungsverfahren mit sich bringt (Beispiel: Vervielfältigung eines farbigen Originals in Schwarz-Weiß).[167]

Schließlich sind solche Änderungen am Werktitel und am Werk ohne Zustimmung des Urhebers zulässig, die dieser nach Treu und Glauben nicht versagen darf.[168] Welche das sind, muss im Rahmen einer Interessenabwägung ermittelt werden, wobei die Abwägung eher zu Lasten des Vervielfältigenden geht und somit Änderungen an Kopien die Ausnahme sind. So dürfen beispielsweise literarische Werke überhaupt nicht verändert werden.[169] Demgegenüber wird es als zulässig angesehen, wenn bei Beiträgen aus Zeitungen oder Zeitschriften zumindest **Schreib- und Interpunktionsfehler** korrigiert werden.[170]

3.4.3 Quellenangabe: Urheberbezeichnung und Fundstelle

Von großer Bedeutung für ein rechtmäßiges Zitat ist eine korrekte Angabe der Quelle, aus der das zitierte Werk stammt. Dazu zählt neben der genauen Urheberbezeichnung auch die genaue Fundstelle.

3.4.4 Rechtsfolgen unzulässiger Werkübernahmen aus urheberrechtlicher Sicht

Die unzulässige Entlehnung stellt eine Urheberrechtsverletzung dar, denn es werden ohne Einwilligung des Berechtigten Werke bzw. Teile davon derart vervielfältigt, dass die gesetzlichen Ausnahmevorschriften keine Anwendung mehr finden. In diesem Fall kann der Urheber gem. § 97 UrhG verlangen, dass die Urheberrechtsverletzung **unterlassen** und **beseitigt** wird. Da unzulässige Entlehnungen in der Regel vorsätzlich oder zumindest fahrlässig erfolgen, hat der Berechtigte nach derselben Vorschrift auch einen Anspruch auf **Schadensersatz**.

Die unzulässige Entlehnung aus einem fremden Werk kann sogar **strafrechtliche Konsequenzen** (Freiheitsstrafe oder Geldstrafe) haben. Im Gegensatz zu dem weiter oben beschriebenen Unterlassungs- und Schadensersatzanspruch setzt jedoch § 106 UrhG voraus, dass der Vervielfältigende vorsätzlich gehandelt hat. Er muss also zumindest damit gerechnet bzw. billigend in Kauf genommen haben, die einzelnen Tatbestandsvoraussetzungen zu erfüllen. Hat er hingegen darauf vertraut, dass der Erfolg nicht eintritt, liegt nur Fahrlässigkeit vor, die von § 106 UrhG nicht erfasst wird. Die Tat wird nur **auf Antrag** des Urhebers bzw. Rechteinhabers, von dessen Werk eine unzulässige Vervielfältigung angefertigt wurde, verfolgt, es sei denn, es liegt ein besonderes Interesse an der Strafverfolgung vor.

Zeugnisnoten, Versetzungen, Bildungsgangempfehlungen

4

4.1 Zeugnisnoten

Bei der Zeugnisnote handelt es sich um eine **fachlich-pädagogische Gesamtbewertung**, die dem individuellen Beurteilungsspielraum der Lehrkräfte unterfällt. Handelt es sich bei der Zeugnisnote um eine Ganzjahresnote, so muss sich die Beurteilung selbstverständlich auf die Leistungen des gesamten Schuljahres erstrecken und nicht nur auf die aus der zweiten Schuljahreshälfte.[171] Ferner muss sich die Notenfindung stets auf die in dem jeweiligen Fach gezeigten Leistungen beschränken und darf außerschulische Aktivitäten nicht einschließen.[172] Ergibt sich eine Zeugnisnote aus den Beurteilungen mehrerer Lehrkräfte, so müssen sie die Note einvernehmlich festlegen. Im Einzelnen gilt das Folgende:

4.1.1 Anzahl und Verteilung von Leistungskontrollen

Die Anzahl durchzuführender Leistungsüberprüfungen ist weitgehend landesrechtlich vorgegeben bzw. wird in den Regelungsbereich der Schulen übertragen.

Sofern es hinsichtlich der zeitlichen Verteilung keine verbindlichen Vorgaben (Beispiele: Klassenarbeits- bzw. Klausurenpläne, Beschlüsse der Fachschaften) gibt, liegt die Planung im Beurteilungsspielraum der Lehrkräfte. Dabei ist darauf zu achten, dass die Leistungskontrollen **gleichmäßig** über das Schul(halb)jahr **verteilt** werden, da sie nur so einen hinreichenden Aufschluss über Unterrichtserfolg und Kenntnisstand vermitteln können. Der *VGH Baden-Württemberg* hat es richtigerweise als unzulässig angesehen, wenn die durchzuführenden schriftlichen Leistungskontrollen erst innerhalb von zwei Wochen vor den Zeugniskonferenzen geschrieben werden.[173] Dafür spräche zum einen, dass die gesamte schriftliche Leistungsbewertung in einem solchen Fall nur einen marginalen zeitlichen Teil des Schulhalbjahres umfasse und so keinen hinreichenden Aufschluss über Unterrichtserfolg und Kenntnisstand der Schüler in dem Halbjahr vermitteln könne. Zum anderen sei der Zweck von schriftlichen Leistungskontrollen auch die Aufdeckung notwendiger Förder- bzw. Unterstützungsmaßnahmen, was ebenfalls nicht mehr erreicht werden könne.

Der *VGH Kassel* hat entschieden, dass eine negative Zeugnisnote nicht im Rahmen einer (Nicht-)Versetzungsentscheidung berücksichtigt werden darf, wenn die für das Fach vorgeschriebene **Mindestzahl von Klassenarbeiten unterschritten** worden ist.[174] Dieser Ansicht ist zuzustimmen, sofern das Unterschreiten in der Risikosphäre der Schule liegt (Beispiel: längere Erkrankung einer Lehrkraft), denn Unzulänglichkeiten in der schulischen Organisation dürfen nicht zu Lasten eines Schülers gehen.

4.1.2 Anforderungen an eine hinreichende Beurteilungsgrundlage

PRAXIS BEISPIEL

Schülerin T. betreibt mit Unterstützung ihrer Eltern intensiven Tennissport, für die Schule interessiert sie sich hingegen nicht ganz so sehr. Um an Tennisturnieren teilnehmen zu können, wird sie von der Schule wiederholt vom Unterricht beurlaubt. Aufgrund dieser entschuldigten Fehltage sowie einer mehrwöchigen Erkrankung stehen dem Sportlehrer im zweiten Halbjahr (des epochal unterrichteten Faches) insgesamt nur sieben Doppelstunden zur Verfügung, um eine Zeugnisnote zu bilden. T. erhält aufgrund der gezeigten Leistungen die Note „5", welche unter anderem zur Nichtversetzung führt. Hiergegen wenden sich die Eltern und führen an, dass keine hinreichende Beurteilungsgrundlage vorgelegen habe und dass außerdem doch auch die sehr guten außerschulischen Tennisleistungen hätten berücksichtigt werden müssen (nach *VG Braunschweig*, Beschl. v. 19.8.2003 – 6 B 315/03 = NVwZ-RR 2004, S. 108).

Probleme können sich für die Lehrkraft bei der Bildung von Zeugnisnoten dann ergeben, wenn am Ende des jeweiligen Beurteilungsraumes nur wenige einzelne Leistungskontrollen (schriftlicher, mündlicher oder praktischer Art) vorhanden sind und die Beurteilungsgrundlage somit recht vage erscheint. Zu denken ist hier einerseits an wiederholtes Schwänzen bei schriftlichen Arbeiten oder andererseits an eine längere Erkrankung, welche einem Schüler die Teilnahme an Leistungsüberprüfungen unmöglich macht. Die jeweiligen Folgen hängen dann davon ab, aus welchen Gründen es an der erforderlichen Beurteilungsgrundlage mangelt und wer diesen Mangel zu vertreten hat.

Schwänzen (Schulabsentismus)

Zunächst einmal ist darauf hinzuweisen, dass jede unentschuldigte Fehlstunde bewertet werden kann, und zwar mit der Note „ungenügend" (Leistungsverweigerung). Grundsätzlich darf eine Schülerin oder ein Schüler dem Unterricht und den sonstigen verbindlichen Veranstaltungen der Schule nur mit deren Genehmigung fernbleiben. Hindern Krankheit oder andere zwingende Gründe daran, am Unterricht und an den sonstigen verbindlichen Veranstaltungen der Schule teilzunehmen, haben die Erziehungsberechtigten oder, bei Volljährigkeit, die Schülerin oder der Schüler selbst dies unverzüglich der Schule mitzuteilen und durch geeignete Bescheinigungen nachzuweisen. Ob eine Genehmigung vorliegt und das Fehlen entschuldigt wird, entscheidet die Schule (bzw. die jeweilige Lehrkraft) aufgrund der vorgetragenen Begründung, nicht jedoch der jeweilige Schüler. In der Regel haben die Schulen nach dem jeweiligen Landesrecht die Möglichkeit, bei längeren oder häufigeren Versäumnissen andere Nachweise, erforderlichenfalls ärztliche oder amtliche Bescheinigungen zu verlangen.

Krankheit und anderes entschuldigtes Fernleiben

Beruht die vage Beurteilungsgrundlage hingegen darauf, dass die Schülerin oder der Schüler die Umstände der Nichtteilnahme am Unterricht und an Leistungsüberprüfungen nicht zu vertreten hat (Beispiel: Krankheit), dann muss die Lehrkraft entscheiden, ob überhaupt noch eine aussagekräftige Note gebildet werden kann oder ob nicht eher ein Zeugnisvermerk im Sinne von „nicht beurteilbar" zu erstellen ist.

Zunächst ist darauf hinzuweisen, dass Schülern grundsätzlich **kein Krankheitsbonus** gewährt werden darf, indem gewissermaßen fiktive Leistungen berücksichtigt werden. Es dürfen stets nur die tatsächlich erbrachten Leistungen beurteilt werden. Die Lehrkräfte dürfen Fehlzeiten also nicht einfach dadurch kompensieren, dass sie das Vorliegen der zu vermittelnden Kompetenzen schlicht unterstellen („Das ist doch eine gute Schülerin, sie wird das schon wissen!").

Sofern die Bundesländer nicht ausnahmsweise in ihren Ordnungsmitteln Vorgaben für eine hinreiche Beurteilungsgrundlage getroffen haben, gibt es **keinen allgemeingültigen Rechtssatz**, der eine bestimmte Anzahl von beurteilbaren Unterrichtsstunden o. Ä. für eine Zeugnisnote voraussetzt. Insbesondere gibt es keine sogenannte Ein-Drittel-Regel, wonach ab einer (entschuldigten) Fehlzeit von einem Drittel der Unterrichtszeit von einer fehlenden Beurteilbarkeit ausgegangen werden muss. Entscheidend ist vielmehr immer der jeweilige Einzelfall.

In dem Ausgangsbeispiel hat das *VG Braunschweig* die sieben Doppelstunden als eine ausreichende Beurteilungsgrundlage zur Bildung der Zeugnisnote angesehen: „Die während dieser Unterrichtsstunden (…) gezeigten Leistungen, soweit sich die Schülerin den geforderten Übungen überhaupt unterzogen hat, sind nach den Feststellungen des Fachlehrers mangelhaft und teilweise ungenügend gewesen (…). Nach den Angaben des Lehrers hat die Antragstellerin trotz häufiger Aufforderungen und Ermunterungen durch den Fachlehrer und auch durch einige Mitschüler beim Schwimmen und Geräteturnen ein völliges Desinteresse gezeigt sowie die im Sport- und Schwimmunterricht gestellten Aufgaben wiederholt unkorrekt und nachlässig ausgeführt bzw. verweigert. (…) Dass die Antragstellerin gegen Ende des Schuljahres wegen ihrer Sportverletzung keine Möglichkeit mehr hatte, die Arbeitshaltung zu verändern und ihre Leistungen im Fach Sport zu verbessern, fällt in ihre Sphäre und kann der Antragsgegnerin nicht mit Erfolg entgegengehalten werden. Schließlich ist auch der Hinweis auf die Leistungen der Antragstellerin im Tennissport nicht geeignet, die Sachrichtigkeit der von der Klassenkonferenz getroffenen pädagogischen Bewertung in Frage zu stellen. Die Antragstellerin und ihre Eltern verkennen, dass für die Notenfindung in diesem Fach die während des Unterrichts gezeigten schulsportlichen Leistungen und nicht die außerschulischen Sportaktivitäten maßgeblich sind."

4.1.3 Teilnote für mündliche und sonstige Leistungen

Müssen die mündlichen und sonstigen Schülerleistungen eines Schul(halb)-jahres zu einer Teilnote zusammengefasst werden, um sodann gemeinsam mit den schriftlichen Leistungen eine Endnote bilden zu können, so handelt es sich bei diesem Vorgang in erster Linie um eine pädagogische Wertung: Ähnlich wie bei der Bildung der jeweiligen Endnote (vgl. dazu sogleich) darf sich daher diese Teilnote nicht allein aus einer rein mathematischen Berechnung ergeben, sondern es müssen weitere pädagogische Gesichtspunkte berücksichtigt werden. Dazu zählen beispielsweise der Einsatz und die Bereitschaft zur Mitarbeit, die (rechtzeitige) Abgabe von Mappen o. Ä., (nachlässige oder unvollständige) Heftführung, (unzureichende) Berichtigungen von Leistungsüberprüfungen oder auch Notentendenzen, die sich im Laufe des Schuljahres zeigen.

Die angelegten Kriterien sind von den Lehrkräften in nachvollziehbarer Weise und – ganz wichtig – einheitlich bei allen Schülerinnen und Schülern anzuwenden. Wenn sich die Teilnote für mündliche und sonstige Leistungen somit nicht allein aus einer rein arithmetischen Bestimmung ergibt, bedeutet das gleichsam auch, dass das Auf- und Abrunden der Teilnoten im individuellen Beurteilungsspielraum der Lehrkräfte liegt.

4.1.4 Gewichtung von schriftlichen und sonstigen Beurteilungsbereichen

Grundsätzlich fällt die Frage nach einer angemessenen Gewichtung von erbrachten schulischen Leistungen in den individuellen Beurteilungsspielraum der Lehrkraft: Soweit es keine landesrechtlichen Vorgaben oder bindende Konferenzbeschlüsse (beispielsweise der jeweiligen Fachschaften) gibt, kann eine Lehrkraft selbst darüber entscheiden, wie sie die schriftlichen und sonstigen Leistungen zueinander gewichten möchte und welche Konsequenzen sie daraus für eine (Halbjahres-)Zeugnisnote zieht. Wichtig ist in diesem Zusammenhang jedoch immer, dass sie bei der Gewichtung und Bildung der Endnote an **singuläre (schriftlicher) Leistungsdefizite** eines Schülers keine unverhältnismäßigen Folgen knüpft, dass die Zeugnisnote nicht nur das **Ergebnis einer rein mathematischen Rechenoperation** ist und dass im Übrigen für alle in einer Lerngruppe ein **einheitlicher und sachlicher Gewichtungsmaßstab** angewendet wird. Diese Anforderungen sollen im Folgenden etwas genauer beleuchtet werden:

Keine Überbetonung schriftlicher Leistungskontrollen

PRAXIS BEISPIEL

Die Eltern von Schüler C. wenden sich gegen eine Nichtversetzungsentscheidung der Schule. Zur Begründung führen sie an, dass die Note „5" im Fach Chemie fehlerhaft zustande gekommen sei, da die Lehrkraft die erbrachten Leistung nicht angemessen ins Verhältnis gesetzt habe: Da das Fach nur epochal im zweiten Schulhalbjahr unterrichtet wurde und auch nur eine Klassenarbeit zu schreiben war, hätte das schlechte Ergebnis dieser Klassenarbeit nicht mit einem Anteil von 40% in die Endnote einfließen dürfen (nach *OVG Lüneburg*, Beschl. v. 20.3.2008 – 2 ME 83/08 = juris).

Zu einer Überbetonung singulärer Leistungsdefizite kann es beispielsweise kommen, wenn in einem Fach pro Schulhalbjahr nur eine schriftliche Leistungsüberprüfung anzufertigen ist und deren Ergebnis über Gebühr in die zu bildenden Endnote Eingang findet. Aus guten Gründen wird man es daher als unzulässig ansehen müssen, wenn in diesen Fällen eine Gewichtung von „50 : 50" vorgenommen wird bzw. wenn der schriftlichen Leistungskontrolle gar ein noch größeres Gewicht im Verhältnis zu den sonstigen Leistungen beigemessen wird. Das gilt insbesondere auch für Fächer, die lediglich epochal nur in einem Schulhalbjahr unterrichtet werden.

Dafür spricht die Überlegung, dass die bei den Schülerinnen und Schülern anzubahnenden fachlichen und überfachlichen Kompetenzen auch in allen anderen Unterrichtsstunden einer Beurteilung durch die Lehrkraft offenstehen und es insoweit wenig proportional wäre, wenn die erbrachten Leistungen gerade auch aus diesen Unterrichtsstunden (wie beispielsweise mündliche Redebeiträge, Referate) nicht angemessen in der Notenfindung berücksichtigt werden. Soweit in einem Fach (mindestens) zwei schriftliche Leistungskontrollen pro Schulhalbjahr durchzuführen sind, erscheint hingegen eine gleichmäßige Gewichtung rechtlich vertretbar.

Da die Gewichtung der Chemie-Note in unserem **Praxisbeispiel** bei 40% (schriftliche Leistungen) zu 60% (sonstige Leistungen) lag, hat das erkennende Gericht die Klage der Eltern zurückgewiesen.

Unzulässigkeit rein rechnerisch ermittelter Zeugnisnoten

PRAXIS BEISPIEL Mathematiklehrer M. berechnet die Endnoten seiner Schüler mit Hilfe einer computerunterstützten Rechentabelle. Dort notiert er die Einzelleistungen aus den verschiedenen schriftlichen Leistungskontrollen sowie die „Monatsnoten" für die sonstige Mitarbeit im Unterricht. Unter Berücksichtigung mathematischer Rundungsregeln ergeben sich sodann die jeweiligen Endnoten. Als sich die Eltern von Schüler K. gegen die Zeugnisnote „mangelhaft" wenden, legt M. seine mathematischen Berechnungen offen, die doch unzweifelhaft zutreffend seien und eben zu der Endnote „mangelhaft" führten. Die Eltern erachten dieses Vorgehen als unzulässig.

Bei der Ermittlung von Endnoten in (Halbjahres-)Zeugnissen handelt es sich immer um **pädagogisch-fachliche Gesamtbewertungen**, in die eben auch verschiedene pädagogische Aspekte einfließen. Nach ständiger Rechtsprechung ist es daher unzulässig, eine Zeugnisnote allein rechnerisch zu ermitteln: Die arithmetische Verrechnung der schriftlichen und sonstigen Leistungen bildet insoweit immer nur die Grundlage für die vorzunehmende Gesamtwertung, nicht aber ist es schon dieselbe.[175]

Anwendung eines einheitlichen Gewichtungsmaßstabs

PRAXIS BEISPIEL Schüler F. wurde nicht in die nächsthöhere Jahrgangsstufe versetzt, da seine Leistungen unter anderem im Fach Französisch mit der Note „5" bewertet wurden. Nach erfolglosem Widerspruch gegen die Nichtversetzungsentscheidung reichen die Eltern Klage ein und führen an, dass die Zeugnisnote im Fach Französisch fehlerhaft zustande gekommen sei: Die Verrechnung der schriftlichen und sonstigen (mündlichen) Leistungen ergäbe in der Summe 4,4, sodass ihr Sohn die Endnote „4" hätte erhalten müssen (*VG Braunschweig*, Beschl. v. 10.8.2010 – 6 B 149/10 = juris).

Wie dargestellt, ist eine Zeugnisnote nie das alleinige Ergebnis einer Rechenoperation. Vielmehr ist es erforderlich, dass in die Gesamtbewertung weitere pädagogische Aspekte einfließen, die von der jeweiligen Lehrkraft einheitlich und in nachvollziehbarer Weise bei allen aus einer Lerngruppe angewendet werden. Dazu zählen insbesondere (positive oder negative) Lernentwicklungstendenzen und (vorhandene oder nichtvorhandene) Kenntnisse im fachlichen Grundwissen. Die Berücksichtigung dieser weiteren Beurteilungskriterien kann Auswirkungen darauf haben, ob bei der zunächst rechnerisch ermittelten Endnote eine **Auf- oder Abrundung** erfolgen soll.

In dem **Praxisbeispiel** wurde das Zustandekommen der Zeugnisnote – und hier insbesondere das Aufrunden zur Endnote „5" – nicht beanstandet: „Die Fachlehrerin", so erklärt das *VG Braunschweig*, „hat hinreichend begründet, warum sie als Gesamtnote gleichwohl die Note ‚mangelhaft' vergeben hat. Dazu hat sie in ihrer Stellungnahme (…) darauf hingewiesen, dass nach den im zweiten Schulhalbjahr gezeigten Leistungen insgesamt ‚eine negative Tendenz deutlich' sei. Diese Tendenz ergibt sich nach ihren Ausführungen insbesondere aus den beiden letzten Vokabeltests, in denen die Leistungen des Antragstellers entgegen den mit ‚mangelhaft' bzw. ‚schwach ausreichend' bewerteten vorherigen Tests ‚ungenügend' gewesen sind. Eine ‚absteigende Tendenz' sei auch darin zu erkennen, dass der Antragsteller vor der Entscheidung über die Nichtversetzung seine Hausaufgaben wiederholt nicht angefertigt habe und sich derart häufig von Mitschülern ablenken lasse, dass er am Unterricht nicht teilnehmen könne. Darüber hinaus hat die Fachlehrerin ihre Bewertung auf gravierende Mängel in den Bereichen Grammatik und Wortschatz gestützt. Der Antragsteller begreife die grammatikalischen Zusammenhänge nicht und könne sich sowohl mündlich als auch schriftlich nur selten in kompletten Sätzen äußern. Insgesamt hat sie damit nachvollziehbar dargelegt, dass die Lernentwicklung des Antragstellers aufgrund einiger zuletzt erbrachter Leistungen, denen eine erhebliche Bedeutung bei der Beurteilung des Lern- und Leistungsstandes zukommt, eine deutlich negative Tendenz zeigt und dass außerdem gravierende Lücken im fachspezifischen Grundwissen festzustellen sind, die die weitere schulische Entwicklung erheblich beeinträchtigen können. Dies sind tragfähige Gründe, die eine Ergänzung des durch die Teilnoten vermittelten Leistungsbildes und im konkreten Fall die Gesamtnote ‚mangelhaft' rechtfertigen. Darüber hinaus hat die Fachlehrerin bei der Gesamtnotenbildung auch berücksichtigt, dass der Antragsteller für einige Teilleistungen Noten mit negativen Tendenzen erhalten hat (‚schwach ausreichend' für eine Klassenarbeit, einen Vokabeltest und die Mappenführung). Auch diese negativen Tendenzen dürfen und müssen die Lehrkräfte bei rechnerisch zwischen zwei Notenstufen liegenden Durchschnittsnoten im Rahmen der Notenbildung beachten."

4.1.5 Zusagen von Zeugnisnoten

Es kommt im Schulalltag immer wieder zu Schüler- oder Elternbeschwerden darüber, dass eine Lehrkraft vor der Zeugniskonferenz eine bestimmte

Note angekündigt habe, die sich dann im Zeugnis jedoch nicht so wiederfindet. Solche Zusagen entfalten aufgrund der fehlenden Zuständigkeit (die Entscheidung obliegt der Zeugniskonferenz) **keine rechtliche Bindung**: „Die Notendiskussion hat die Funktion, den von der Notenvergabe betroffenen Schülerinnen und Schülern die Möglichkeit zu geben, gegen den Vorschlag der Fachlehrkraft Einwände zu erheben und diese gegebenenfalls zum Überdenken ihrer Bewertungsentscheidung zu veranlassen. Es ist dann Aufgabe der Fachlehrerin oder des Fachlehrers, unter Berücksichtigung der von den unterrichteten Schülerinnen und Schülern vorgetragenen Argumente eine abschließende Entscheidung darüber zu fällen, welche Einzelnote in das Zeugnis einfließen soll.“[176]

Dieselben Erwägungen gelten auch für Äußerungen zu möglichen **Versetzungsentscheidungen** oder im Rahmen von **Prüfungen**, wenn einem Prüfling irrtümlich von einem Mitglied des Fachprüfungsausschusses eine bessere Note als die tatsächliche Note mitgeteilt wird.[177]

4.1.6 Eingetragene unentschuldigte Fehlstunden

PRAXIS BEISPIEL Das Zeugnis von Schülerin F. enthält 29 unentschuldigte Fehlstunden. Hiergegen wenden sich die Eltern mit der Begründung, dass für diese Tage nachweislich jeweils schriftliche Entschuldigungsschreiben vorlägen. Die Schule wendet ein, dass die Eltern ihrer Verpflichtung zur rechtzeitigen Mitteilung einer Erkrankung ihrer Tochter jeweils nicht nachgekommen seien, weshalb es auf die schriftlichen Entschuldigungsschreiben nicht ankomme (*VG Aachen*, Urt. v. 12.2.1998 – 9 K 1564/98 = SPE 254, Nr. 1).

Nicht selten wird darüber gestritten, ob Fehlzeiten in einem Zeugnis zutreffend als „entschuldigt“ oder „unentschuldigt“ wiedergegeben wurden. Insbesondere geht es dann um die Fragen, ob die erforderliche Benachrichtigung der Schule über das Vorliegen einer Erkrankung o. Ä. rechtzeitig erfolgte und ob die Gründe für das Fernbleiben durch die Sorgeberechtigten (bzw. durch die volljährigen Schüler selbst) schriftlich mitgeteilt wurden.

Zumindest für das Bundesland Nordrhein-Westfalen hat das *VG Aachen* entschieden, dass allein aus dem Fehlen einer rechtzeitigen Benachrichtigung der Schule nicht auf ein unentschuldigtes Fernbleiben vom Unterricht geschlossen werden dürfe: „Ihr Fehlen stellt zwar eine Pflichtverletzung der Erziehungsberechtigten dar, die jedoch allein noch nicht geeignet ist, Zweifel an der Richtigkeit der später ordnungsgemäß erfolgten schriftlichen Entschuldigung zu begründen, oder dazu führt, dass das Schulversäumnis unentschuldigt ist. Die Benachrichtigungspflicht (…) dient insoweit lediglich der möglichst kurzfristigen Information der Schule über das Fernbleiben eines Schülers. Maßgebend dafür, ob ein Schulversäumnis entschuldigt oder unentschuldigt ist, ist jedoch allein die (…) vorzulegende schriftliche Entschuldigung (…)."

Diese Ansicht vermag zu überzeugen, und zwar vor allem aus folgenden Überlegungen: Wenn man einmal unterstellt, dass die Schule für das Eintragen belastender Informationen in ein Zeugnis die materielle Beweislast trägt, so wird es ihr gerade bei den üblicherweise telefonischen Krankmeldungen schwerfallen, diese glaubhaft nachzuweisen. Stellt man hingegen allein auf die schriftlich vorzulegenden Nachweise ab, dann ergibt sich dieses Problem nicht, weil sich die Lehrkräfte gegebenenfalls immer eine entsprechende Kopie fertigen können, wenn und soweit das Entschuldigungsschreiben nicht ohnehin in der Schule verbleibt. Ein weiteres – wenngleich eher schwaches – Argument folgt aus der Praxis vieler Kollegien: Diese gleichen beim Auswerten der Fehlzeiten am Ende eines Schul(halb)jahres in der Regel nicht jedes Mal ab, ob zunächst auch tatsächlich eine rechtzeitige Mitteilung über das Fernbleiben erfolgte. Sehr häufig ist allein maßgebend, ob eine schriftliche Entschuldigung vorgelegt wurde.

4.1.7 Besprechen von Zeugnisnoten und Datenschutz

> **PRAXIS BEISPIEL**
>
> Lehrerin D. möchte ihre Notenvergabe möglichst transparent gestalten. Die letzte Unterrichtsstunde vor den Zeugniskonferenzen nutzt sie daher immer dazu, den Schülerinnen und Schülern ihre Endnoten im Plenum mitzuteilen. Schüler N. ist mit einer solchen „Notenverkündung" im Rahmen eines Klassengesprächs nicht einverstanden, da er seine Zeugnisnoten lieber für sich behalten möchte.

Nach der Rechtsprechung des Bundesverfassungsgerichts im sogenannten **Volkszählungsurteil** hat jeder Mensch als Ausfluss seines Grundrechts auf freie Entfaltung der Persönlichkeit (Art. 2 Abs. 1 i.V.m. Art. 1 Abs. 1 GG) das Recht, „grundsätzlich selbst über die Preisgabe und Verwendung seiner persönlichen Daten zu bestimmen."[178] Dieses Recht auf informationelle Selbstbestimmung kann nur dann eingeschränkt werden, wenn eine gesetzliche Grundlage vorhanden ist und die Einschränkung einem überwiegenden Allgemeininteresse dient. In der Regel haben die einzelnen Bundesländer in ihren Rechtsvorschriften zum Schuldatenschutz festgelegt, unter welchen engen Voraussetzungen personenbezogene Schülerdaten (wozu eben auch Zeugnisnoten gehören) an Dritte übermittelt werden dürfen. Sofern dort also nicht ganz ausdrücklich das Verlesen von Zeugnisnoten vor der gesamten Lerngruppe erlaubt wird – wovon soweit ersichtlich kein

Bundesland Gebrauch gemacht hat, – ist ein solches Vorgehen grundsätzlich als **unzulässig** anzusehen.

Jede Lehrkraft sollte deshalb, bevor sie die Noten vor der ganzen Klasse besprechen möchte (was aus pädagogischen Gründen durchaus angebracht sein kann), kurz danach fragen, ob alle Schülerinnen und Schüler mit der Bekanntgabe ihrer Note einverstanden sind, da der Datenschutz dann aufgrund einer Einwilligungserklärung entfällt. Erklärt sich jemand nicht mit der öffentlichen Notenbesprechung einverstanden, so bleibt hier nur ein Vier-Augen-Gespräch.

4.2 Versetzungsentscheidungen

PRAXIS BEISPIEL

Schüler L. wiederholt die 9. Jahrgangsstufe. Als er aufgrund mangelhafter Leistungen in jeweils zwei Vorrückungsfächern nicht die Erlaubnis zum Vorrücken in die 10. Jahrgangsstufe erhält, beantragt er bei seiner Schule eine „Versetzung auf Probe". Zur Begründung für die Minderleistungen führt er eine Erkrankung im letzten Schuljahr an. Mit einstimmigem Beschluss lehnt die zuständige Lehrerkonferenz den Antrag ab: Das Versagen von L. im letzten Schuljahr sei nicht auf nachgewiesene erhebliche Beeinträchtigungen ohne eigenes Verschulden wegen Leistungsminderungen zurückzuführen. Außerdem sei nicht zu erwarten, dass er die entstandenen Lücken schließen und das angestrebte Bildungsziel erreichen könne. Die Eltern von L. legen hiergegen Klage ein (*BayVGH*, Beschl. v. 24.10.2012 – 7 CE 12.2240 = juris).

Schaut man sich die rechtliche Ausgestaltung von Versetzungsentscheidungen in den einzelnen Bundesländern einmal etwas genauer an, so werden sofort unterschiedliche Grundhaltungen deutlich: Während in einigen Ländern das Vorrücken in die nächsthöhere Jahrgangsstufe eher der Regelfall ist und die Ordnungsmittel nur negativ formulieren, wann ausnahmsweise eine Nichtversetzungsentscheidung ausgesprochen werden kann (wichtig: Ermessensentscheidung der zuständigen Konferenz!), müssen die Schülerinnen und Schüler in anderen Bundesländern am Ende einer Jahrgangsstufe ein bestimmtes (positives) Leistungsbild vorweisen können, um vorrücken zu dürfen – ausnahmsweise kann jedoch eine Versetzung auf Probe ausgesprochen werden.

Beiden Ansätzen ist gemein, dass die Versetzungsentscheidung immer auch **pädagogisch-wertende Elemente** enthält, insbesondere wenn es um die Frage geht, ob ein Kind oder Jugendlicher erfolgreich in der nächsten Jahrgangsstufe wird mitarbeiten können. Da solche Prognoseentscheidungen sehr stark von dem jeweiligen Einzelfall abhängen, wird den Lehrkräften für dieses fachliche Urteil – ähnlich wie bei den prüferspezifischen Wertungen in Leistungsüberprüfungen – ein eigener **Beurteilungsspielraum** zuerkannt: „Wegen Fehlens der fachlichen Kompetenz der Verwaltungsgerichte ist es nicht ihre Sache, ihre eigene Auffassung über die zu erwartende Mitarbeit eines Schülers im nächsthöheren Schuljahrgang an die Stelle der durch die gesetzlichen Vorschriften allein zu der Beurteilung berufenen Mitglieder der Klassenkonferenz zu setzen.“[179] Nach ständiger Rechtsprechung folgt daraus eine inhaltlich reduzierte Überprüfbarkeit von (Nicht-) Versetzungsentscheidungen: Aus rechtlicher Sicht darf immer nur überprüft werden, ob die zuständige Konferenz bestehende Verfahrensvorschriften eingehalten hat, ob sie von ihrem Beurteilungsspielraum entsprechenden Gebrauch gemacht hat, ob sie von einer richtigen und ausreichenden Tatsachengrundlage ausgegangen ist, ob allgemeingültige Beurteilungsmaßstäbe beachtet wurden und ob die Konferenz keine sachfremden Erwägungen angestellt hat. Diese nur eingeschränkte Kontrolldichte gilt sowohl in einem **Widerspruchs**- als auch in einem **Gerichtsverfahren**.[180]

In unserem **Praxisbeispiel** wurde der abgelehnte Antrag auf eine Versetzung auf Probe durch das Gericht nicht beanstandet: „In aller Regel wird das erneute Nichterreichen des Ziels der Jahrgangsstufe den Schluss rechtfertigen, dass die entstandenen Lücken im Falle des Vorrückens nicht geschlossen werden können und das angestrebte Bildungsziel nicht erreicht werden kann. Dem Antragsteller ist es nicht gelungen, die negative Prognose der Lehrerkonferenz zu entkräften. (…) [In dem vorgelegten ärztlichen Attest, d. Verf.] werden zwar die Fehlzeiten in der Schule aufgrund von Einweisungen in eine Kinderklinik zur Abklärung von Beschwerden im Bauchraum bestätigt, nicht aber Beeinträchtigungen bei der Wiedergabe des Prüfungsstoffs.“

4.2.1 Beispiele rechtswidriger Versetzungsentscheidungen

Im Folgenden soll an ausgewählten Beispielen gezeigt werden, in welchen Fällen eine rechtswidrige Versetzungsentscheidung vorliegen kann:

Grundsätzlich können **Verfahrensmängel bei der Versetzungskonferenz** Gegenstand eines Widerspruchverfahrens bzw. einer Klage sein. Dazu zählen beispielsweise die fehlerhafte Besetzung der Versetzungskonferenz (eine Lehrkraft hat aus anderen als „zwingenden Gründen“ nicht an der Konferenz teilgenommen) oder eine unzulässige Stimmenthaltung bei der Abstimmung. Solche Verfahrensmängel führen jedoch nur dann zu einer Aufhebung der getroffenen Entscheidung, wenn sie erheblich sind, d.h., wenn es durchaus im Bereich des Möglichen liegt, dass man bei Beachtung der Verfahrensvorschriften zu einem anderen Ergebnis gekommen wäre. Auf die Frage, ob eine **unterbliebene Vorwarnung** der Eltern über eine drohende Nichtversetzung automatisch zu einer Versetzung führt, wird im nächsten Abschnitt eingegangen (vgl. 4.2.3 Rechtsfolgen unterbliebener Vorwarnungen).

Die Gerichte können prüfen, ob die Versetzungskonferenz die **Vorschriften der jeweiligen Ordnungsmittel** (insbesondere die **Notenbilder**) richtig angewendet hat. Wurde beispielsweise verkannt, dass eine Nichtversetzung die Note „mangelhaft" in drei Nebenfächern (und nicht nur in zwei) voraussetzt, liegt eine Nichtbeachtung von Rechtsvorschriften und damit ein erheblicher Rechtsmangel vor. Mit dem *VGH Kassel* ist davon auszugehen, dass im Rahmen der Versetzungsentscheidung eine negative Note nicht berücksichtigt werden darf, wenn die für das Fach vorgeschriebene **Mindestzahl von Klassenarbeiten** unterschritten worden ist.[181] Dafür spricht die Überlegung, dass Unzulänglichkeiten in der Leistungsfeststellung nicht zu Lasten eines Schülers gehen dürfen und zu einer Nichtversetzung führen.

Ebenfalls rechtswidrig kann eine Nichtversetzungsentscheidung sein, wenn die Versetzungskonferenz die anzustellende **Prognose** nicht hinreichend sorgfältig getroffen hat, indem sie sich beispielsweise nur auf das Notenbild und nicht auch auf die individuelle Lernentwicklung des Schülers gestützt hat.

Richtet sich der Widerspruch bzw. die Klage dagegen, dass eine **Einzelnote** nicht ordnungsgemäß zustande gekommen ist und deshalb die Voraussetzungen für eine Nichtversetzung nicht vorliegen, ist die Kontrollbefugnis eingeschränkt, da es sich auch bei der Einzelnote um eine Beurteilung des Schülers handelt, für die ebenfalls der Beurteilungsspielraum der Lehrkraft greift.[182] Überprüfbar ist aber auch hier, ob die Einzelnote auf der Grundlage eines fehlerfreien Bewertungsverfahrens, auf einer zutreffenden Tatsachengrundlage, unter Beachtung allgemein anerkannter Bewertungsgrundsätze sowie frei von sachfremden Erwägungen und Willkür ermittelt wurde.

Sachfremde Erwägungen bei einer Nichtversetzungsentscheidung könnten vorliegen, wenn mit der Nichtversetzung ein zuvor von der Klassenkonferenz abgelehnter Verweis doch noch durchgesetzt werden soll.[183] Die Umstände, die den beabsichtigten Verweis betrafen, dürfen bei der Versetzungsentscheidung nicht berücksichtigt werden. Ebenfalls ist von sachfremden Erwägungen auszugehen, wenn bei einer Notenkonferenz eine Lehrkraft trotz gegenteiliger Auffassung der vorgeschlagenen Note nur deshalb zustimmt, um endlich Ruhe zu haben und die Konferenz alsbald verlassen zu können.[184]

4.2.2 Rechtsfolgen unterbliebener Vorwarnungen

PRAXIS BEISPIEL

S. besucht die 8. Klasse. Aufgrund unzureichender Leistungen wird er nicht in die nächsthöhere Jahrgangsstufe versetzt. Hiergegen wenden sich seine Eltern: Sie führen an, dass die Schule ihrer Informationspflicht nicht rechtzeitig nachgekommen sei und eine Vorwarnung an die Eltern über die drohende Nichtversetzung unterblieben wäre. Im Falle einer zeitnahen Information hätte man sich um Nachhilfeunterricht gekümmert, der gewiss zu einer anderen Entscheidung geführt hätte. S. müsse daher in die 9. Jahrgangsstufe versetzt werden (nach *OVG Lüneburg*, Beschl. v. 4.11.2019 – 2 ME 682/19 = juris).

Auch wenn die Schule zweifelsohne verschiedene Informations-, Beratungs- oder Kommunikationspflichten gegenüber den Eltern bzw. den volljährigen Jugendlichen hat, so führt ein Verstoß nicht automatisch dazu, dass als Kompensation eine bestimmte Berechtigung auszusprechen ist. Dieser Grundsatz gilt auch für (Nicht-)Versetzungsentscheidungen, bei denen verfahrensfehlerhaft eine rechtzeitige Vorabinformation an die Sorgeberechtigten unterblieben ist. Ein solcher beachtlicher Verfahrensfehler macht die Entscheidung der Schule lediglich unwirksam, er führt aber nicht per se zu einer Versetzung in die nächsthöhere Jahrgangsstufe: „Die Folgen der Rechtswidrigkeit", so formulieren es zutreffend *Niehues, Fischer & Jeremias*, „lassen sich nicht durch die Schaffung eines Zustandes beseitigen, der von der Rechtsordnung ebenfalls nicht gebilligt wird, weil die (gesetzlichen) Voraussetzungen für eine Versetzung nicht gegeben sind."[185]

Muss die zuständige Konferenz im Falle eines beachtlichen Verfahrensfehlers erneut über die Versetzung beraten, so hat sie bei der Prognoseentscheidung zu berücksichtigen, welche zusätzlichen Unterstützungsmaßnahmen zum Aufholen der Lernrückstande im Falle einer rechtzeitigen Elterninformation hätten ergriffen werden können (Beispiel: Nachhilfeunterricht, Teilnahme an schulischen Förderangeboten) und ob es überwiegend wahrscheinlich ist, dass diese zu einer positiven Versetzungsentscheidung geführt hätten.[186]

4.2.3 Zusage von Versetzungsentscheidungen

Sofern Lehrkräfte gegenüber Schülerinnen, Schülern oder Eltern am Ende eines Schuljahres in Aussicht stellen, dass es zu einer Versetzung kommt, entfalten solche Aussagen für die Versetzungskonferenz grundsätzlich **keine rechtliche Bindung**. Die zu erstellende Prognose ist allein Aufgabe der Versetzungskonferenz.[187] Das gilt wie bereits dargestellt auch für Zeugnisnoten, die von Lehrkräften „zugesagt" werden.

4.3 Bildungsgangempfehlungen

Der Übergang von der zumeist vierjährigen Grundschule in eine weiterführende Schule – und hier insbesondere in den Bildungsgang des Gymnasiums – ist in den einzelnen Bundesländern unterschiedlich geregelt.[188] Aus rechtlicher Sicht bedeutsam ist dabei wohl vor allem eine Frage: Wem steht das Letztentscheidungsrecht darüber zu, welcher Bildungsgang und welche Schulart[189] nach der Grundschule besucht werden darf: Sind es die Eltern oder ist es der Staat (bzw. die Schule)?[190]

4.3.1 Elternrecht vs. staatliche Zugangsbeschränkungen

Die grundsätzliche Antwort hierauf hat das Bundesverfassungsgericht bereits 1972 in seinem **Förderstufen-Urteil** formuliert: „Die Entscheidung über den weiteren Bildungsweg des Kindes hat das Grundgesetz zunächst den Eltern als den natürlichen Sachwaltern für die Erziehung des Kindes belassen. (…) Diese primäre Entscheidungszuständigkeit der Eltern beruht auf der Erwägung, dass die Interessen des Kindes am besten von den Eltern wahrgenommen werden. Dabei wird sogar die Möglichkeit in Kauf genommen, dass das Kind durch einen Entschluss der Eltern Nachteile erleidet, die im Rahmen einer nach objektiven Maßstäben betriebenen Begabtenauslese vielleicht vermieden werden könnten. Dieses Bestimmungsrecht der Eltern umfasst auch die Befugnis, den von ihrem Kind einzuschlagenden Bildungsweg in der Schule frei zu wählen (…).“[191]

Allerdings – und das ist nun wichtig – gilt dieses Entscheidungsrecht der Eltern verfassungsrechtlich nicht uneingeschränkt: Der Staat müsse zwar stets die Verantwortung der Eltern für den Gesamtplan der Erziehung ihrer Kinder achten und dürfe nicht durch schulorganisatorische Maßnahmen den ganzen Werdegang eines Kindes regeln wollen, trotzdem verbleibt ihm aber ein gewisser Gestaltungsspielraum: „Im Rahmen der sich aus Art. 7 Abs. 1 GG ergebenden Befugnis des Staates, das Schulsystem zu bestimmen, kann insbesondere die Aufnahme des Kindes in die verschiedenen Bildungswege an Zulassungsvoraussetzungen geknüpft werden, deren Festsetzung im einzelnen Sache der Länder ist.“ Den Bundesländern ist es mithin erlaubt, eine **Negativauslese** durchzuführen, indem der Besuch eines gewünschten Bildungsgangs bzw. einer Schulart dann verwehrt werden kann, wenn eine erfolgreiche Mitarbeit (ausgehend von einem bestimmten Notenbild) mit hinreichender Wahrscheinlichkeit nicht zu erwarten ist. Indem erkennbar ungeeigneten Schülerinnen und Schülern der Zugang zu einem gewünschten Bildungsangebot des Staates versagt wird, sollen möglichst homogene Lerngruppen sichergestellt und die Funktionsfähigkeit des Schulbetriebs gewährleistet werden.

Eine Positivauslese hingegen, bei welcher aus einem bestimmten „Pool" von Bewerbern die am besten geeigneten (Grund-)Schülerinnen und Schüler herausgefiltert und auf die nur beschränkt vorhandenen Plätze verteilt werden, ist zumindest für den Bereich der allgemeinbildenden Schulen unzulässig. Ein solches staatliches Bestimmungsrecht würde zu weit gehen, da die Verantwortung der Eltern für die Ausbildung ihrer Kinder grundsätzlich größer ist als die der Schule. Notfalls ist es daher Aufgabe des jeweiligen Schulträgers, weitere Schulplätze zur Verfügung zu stellen, wenn eine größere Anzahl die Zulassungsvoraussetzungen für einen bestimmten Bildungsgang bzw. für eine bestimmte Schulart erfüllt.

Von der Möglichkeit, den Besuch eines Bildungsganges an die individuelle Eignung sowie an bestimmte Leistungsanforderungen zu knüpfen, haben mehrere Länder Gebrauch gemacht: In Bayern, Brandenburg und Thüringen beispielsweise ist der Besuch eines Gymnasiums nur möglich, wenn eine entsprechende Gymnasialempfehlung vorliegt. Ist das nicht der Fall, können Eltern ihr Kind gleichwohl für mehrere Tage zum **Probe- bzw. Prognoseunterricht** an der weiterführenden Schule anmelden. Werden die Voraussetzungen erfüllt, so wird das Kind für den Bildungsgang zugelassen, anderenfalls gilt weiterhin die Grundschulempfehlung. In Sachsen müssen Kinder, die trotz fehlender Empfehlung ein Gymnasium besuchen möchten, an einer schriftlichen **Eignungsprüfung** ohne vorangegangenen Probeunterricht teilnehmen. In Bremen wiederum werden Kinder, deren Leistungen in ausgewählten Fächern nicht über den in den Bildungsplänen (Rahmenlehrplänen) jeweils festgesetzten Regelstandards liegen, bei der Anwahl des Gymnasiums nur nachrangig bei noch **freien Kapazitäten** berücksichtigt. In allen anderen Bundesländern bleibt die Wahl des Bildungsgangs bzw. der Schulart auch bei einer entgegenstehenden Grundschulempfehlung zunächst einmal dem **Elternwillen** überlassen.

4.3.2 Grundschulgutachten als pädagogisch-fachliche Wertungen

PRAXIS BEISPIEL

Die Eltern von Schülerin M. sind nicht mit der Empfehlung für die weiterführende Schule einverstanden. Sie stoßen sich daran, dass das Konfliktverhalten von M. sowie ihre Fähigkeiten zur Partner- und Gruppenarbeit in der Begründung zu negativ dargestellt werden. Sie wünschen daher eine bessere Begründung sowie eine andere Schulformempfehlung (*VG Gelsenkirchen*, Beschl. v. 2.8.2013 – 4 L 653/13 = juris).

Grundschulgutachten mit ihren Empfehlungen zur weiteren Schullaufbahn (zum Teil auch als **Schulformempfehlungen** oder **Übertrittszeugnisse** bezeichnet) sind den Versetzungsentscheidungen im Grunde sehr ähnlich: In beiden Fällen treffen Lehrkräfte in den jeweils dafür zuständigen Gremien auf der Grundlage erbrachter schulischer Leistungen eine komplexe Prognoseentscheidung. Hier wie dort treffen die Lehrkräfte pädagogisch-fachliche Einschätzungen, die auf längeren (diagnostischen) Beobachtungen eines Kindes im Unterricht fußen und sehr stark den individuellen Lernstand sowie die Lernentwicklung in den Blick nehmen. Vor diesem Hintergrund wird den Lehrkräften – analog zu den Versetzungsentscheidungen – auch für die Erstellung von Grundschulempfehlungen ein eigener prüfungsspezifischer **Beurteilungsspielraum** eingeräumt, der in der Konsequenz zu einer inhaltlich reduzierten Überprüfbarkeit führt: Aus rechtlicher Sicht kann nachträglich immer nur überprüft werden, ob das zuständige Entscheidungsgremium bestehende Verfahrensvorschriften eingehalten hat, ob es von einer richtigen Tatsachengrundlage ausgegangen ist, ob allgemeingültige Beurteilungsmaßstäbe beachtet wurden und ob die Konferenz bei ihrer Empfehlung keine sachfremden oder willkürlichen Erwägungen angestellt hat.[192]

In unserem **Praxisbeispiel** ging das erkennende Gericht der Frage nach, ob die Begründung der Schullaufbahnempfehlung (zumindest) sachfremde Erwägungen enthalten habe könnte. Das sei jedoch nicht der Fall, denn es erscheine „sogar naheliegend, Umstände des Sozialverhaltens zu benennen, die Einfluss auf den Leistungsstand, die Lernentwicklung und die Fähigkeiten der Schülerin oder des Schülers hatten oder noch haben. Es handelt sich um einen Teilaspekt, der zur Einschätzung des Leistungsvermögens und dessen mögliche Entwicklung beiträgt. So spielt es etwa eine Rolle, inwiefern die Schülerin oder der Schüler die Fähigkeit gezeigt hat, Probleme im Sozialverhalten, die dem Leistungsvermögen entgegenstehen, beheben zu können."

Was bedeutet das nun für die **schulische Praxis**? Aus rechtlicher Sicht ist darauf zu achten, dass das Grundschulgutachten in **nachvollziehbarer und transparenter Weise** zustande kommt und dass die erbrachten Leistungen der Schüler umfassend in die Prognose einfließen. Die beteiligten Lehrkräfte haben ferner darauf zu achten, dass die jeweiligen Verfahrensvorschriften (insbesondere auch zur Einbindung der Erziehungsberechtigten) beachtet werden und dass die einschlägigen Rechtsvorschriften in zutreffender Weise angewendet werden. Soweit es um Prognoseentscheidungen zur erfolgreichen Mitarbeit in der nächsthöheren Jahrgangsstufe geht, steht den Lehrkräften ein Beurteilungsspielraum zu. Aus pädagogischer Sicht ist zu fordern, dass die Bildungsgangempfehlungen von sehr **hoher diagnostischer Qualität** sind. Dafür sprechen vor allem die gefestigten Erkenntnisse der empirischen Bildungsforschung, wonach die Übergangsentscheidungen viel zu häufig an diagnostischen Mängeln leiden (insbesondere an Beurteilungsfehlern aufgrund der sozialen Herkunft!) und so zu einem starken Treiber sozialer Selektivität und Bildungsungerechtigkeit werden.[193] Das gilt umso mehr für diejenigen Bundesländer, in denen der Besuch einer weiterführenden Schule ggf. an einen erfolgreichen Probeunterricht oder das Bestehen von Aufnahmeprüfungen gekoppelt ist.

5 Leistungsbeurteilungen im Fernunterricht

Nicht zuletzt durch den eingeschränkten Schul- und Unterrichtsbetrieb während der COVID19-Pandemie rückte die Frage nach den Anforderungen an rechtmäßige Leistungsbeurteilungen im (digitalen) Fernunterricht stark in den Vordergrund. Dabei muss man zunächst einmal festhalten, dass diese Frage grundsätzlich keine neue ist, denn verschiedene Universitäten oder Fernlerninstitute im Bereich der Erwachsenenbildung praktizieren digitalen Unterricht bereits seit Jahren. Aber zumindest für den schulischen Bereich ging und geht es hier um prüfungsrechtliches Neuland, schließlich erfolgten Leistungsbeurteilungen doch dort – von Zuhause anzufertigen Projekt- oder Profilarbeiten einmal abgesehen – zum überwiegenden Teil im Präsenzunterricht in der Schule.

Für die Antwort auf die Frage nach der Zulässigkeit und Rechtmäßigkeit von Leistungsbeurteilungen im Fernunterricht sollte nach den beiden großen Formate von schulischen Leistungsüberprüfungen unterschieden werden: schulalltägliche Leistungskontrollen in schriftlicher, mündlicher oder praktischer Form einerseits sowie die Beurteilung sonstiger schulischer Leistungen andererseits.

5.1 Schriftliche oder mündliche Leistungskontrollen

Beginnen wir mit dem aus rechtlicher Sicht schwierigeren Teil: der Durchführung schulalltäglicher Leistungskontrollen im Rahmen eines Onlineformats (Beispiel: Online-Klausuren). Diese sollten grundsätzlich nur durchgeführt werden, wenn sich die Klasse oder der Kurs dazu ausdrücklich gegenüber der Lehrkraft bereit erklärt hat. Anderenfalls sollte auf Leistungskontrollen im Online-Format verzichtet werden.

Diese eher zurückhaltende Empfehlung fußt zum einen darauf, dass Schülerinnen und Schüler zu einer entsprechenden Teilnahme wohl nicht verpflichtet werden können: Zwar ist die Mitwirkung an Leistungsüberprüfungen ein grundsätzlicher Bestandteil der Schulpflicht, allerdings werden bei Onlineformaten auch **datenschutzrechtliche Aspekte** bedeutsam, denn die Kinder und Jugendlichen müssen es grundsätzlich nicht hinnehmen, dass Dritte während der Leistungsüberprüfung Einblick in die privaten Räumlichkeiten der elterlichen Wohnung wie Kinderzimmer oder Wohnzimmer erhalten. Hierbei handelt es sich um Kernbereiche der individuellen Privatsphäre, in den nicht ohne weiteres eingedrungen werden darf. Zwar bieten die gängigen Videokonferenzprogramme die Möglichkeit, den Hintergrund zu verwässern, sodass nur der jeweilige Teilnehmer en detail zu erkennen ist. Allerdings kann das den Einsatz einer entsprechenden Hardware voraussetzen. Soweit die Schülerinnen und Schüler bzw. die Eltern nicht über die notwendige technische Ausstattung verfügen und auch die jeweilige Schule ein entsprechendes Endgerät nicht für die Online-Leistungskontrolle zur Verfügung stellen kann, wäre eine Teilnahmepflicht wohl abzulehnen. Ebenfalls ist zu berücksichtigen, dass während der Videokonferenz sehr sensible personenbezogene Daten im Sinne von Art. 9 Abs. 1 Datenschutz-Grundverordnung (DS-GVO) verarbeitet werden (hier insbesondere Informationen zur ethnischen Herkunft). Dieses ist gemäß den rechtlichen Vorgaben nur dann ohne eine Einwilligung möglich, wenn zwingende Gründe hierfür vorliegen. Davon wird man aber wohl für den Bereich schulischer Leistungskontrollen nicht unbedingt ausgehen können.

Selbst wenn man aber von einer Teilnahmepflicht an Online-Leistungsüberprüfungen ausgeht, sollte jedenfalls aus **prüfungsrechtlicher Sicht** davon Abstand genommen werden, denn es steht zu befürchten, dass allgemeine Grundsätze des Prüfungsrechts bei der Durchführung möglicherweise nicht eingehalten werden (können). Dazu zählt – wie bereits oben ausführlich dargelegt – der Grundsatz, dass die Leistung persönlich und nur mit den zugelassenen Hilfsmitteln zu erbringen ist. Gerade aber bei Online-Klausuren o. Ä. besteht jedoch die Gefahr, dass die Schülerinnen und Schüler über ihre eigene Leistung **hinwegtäuschen**.

Die vorgenannten Probleme können Lehrkräfte umgehen, wenn die Klasse freiwillig in die Durchführung beispielsweise einer Online-Klausur **einwilligt** und sich (mit bestimmten Verfahrensabsprachen) ausdrücklich einverstanden erklärt. In diesem Fall wäre es nämlich dem Prüfling infolge des Grundsatzes von Treu und Glauben (§ 242 BGB analog) verwehrt, sich nachträglich auf die Unzulässigkeit der Leistungsüberprüfung zu berufen.[194]

5.2 Beurteilung sonstiger schulischer Leistungen

Für die Beurteilung sonstiger schulischer Leistungen im Fernunterricht (Beispiele: schriftliche Ausarbeitungen, künstlerische oder ästhetische Produkte in jedweder Form) bestehen die vorgenannten Bedenken nicht im gleichen Umfang, weshalb diese eher einer Beurteilung zugänglich sind.

Wichtig ist hierbei jedoch einerseits, dass die erbrachte Leistung tatsächlich von dem jeweiligen Schüler stammt und auch nur die eventuell zugelassenen Hilfsmittel verwendet wurden. Genau wie bei den umfangreicheren Projekt- bzw. Profilleistungen in der Oberstufe wäre zumindest bei älteren Jugendlichen zu empfehlen, dass eine kurze Erklärung zur Urheberschaft des jeweiligen Werkes eingeholt wird, um so auf eventuelle Täuschungshandlungen angemessen reagieren zu können.

Andererseits sollten sich die Lehrkräfte aber auch bewusst machen, dass die häuslichen Arbeits- und Lernbedingungen bei den einzelnen Kindern und Jugendlichen sehr unterschiedlich sind und beispielsweise nicht jeder über ein eigenes (Arbeits-)Zimmer oder einen Computer verfügt. Es ist sicherzustellen, dass die Schüler für die Bearbeitung der gestellten Aufgaben verlässliche Ansprechpartner in der Schule haben, sodass diese bei eventuell auftretenden Schwierigkeiten eine angemessene Hilfestellung geben können.

6 Informationsrechte der Eltern

Zu den bedeutenden Elternrechten zählt das Recht auf Information. Dieses Recht ist – genau wie das Recht auf eine neutrale Unterrichts- und Erziehungsarbeit – ebenfalls die Konsequenz aus der Geltung der allgemeinen Schulpflicht: Wenn Elternhaus und Schule für die Erziehung und Bildung der Kinder in gleichberechtigter Weise verantwortlich sind und die Eltern es hinnehmen müssen, dass die Kinder für einen gewissen Zeitraum aus ihrer Erziehungsverantwortung entlassen werden, dann müssen sie als **„schonenden Ausgleich"** für diese Grundrechtsbeeinträchtigung einen allgemeinen Anspruch darauf haben, von dem Erziehungspartner „Schule" Informationen über ihr Kind zu erhalten (**„praktische Konkordanz"**).

Der Informationsanspruch der Eltern reduziert sich dabei auf solche Vorgänge in der Schule, deren Verschweigen die Ausübung des individuellen elterlichen Erziehungsrechts beeinträchtigen könnte.[195] Maßstab ist insoweit das jeweilige Kindeswohl, weshalb die Schule beispielsweise solche Informationen nicht an die Eltern weiterzuleiten braucht, die sich für das Kind im Elternhaus nachweislich nachteilig auswirken würden.

6.1 Auskunft über den Leistungsstand

Zu den Vorgängen, deren Verschweigen die Ausübung des Erziehungsrechts beeinträchtigen könnte, gehören zweifellos Informationen über die Leistungen und das (Sozial-)Verhalten des Kindes und im Zusammenhang damit auftretende Schwierigkeiten.

An dieser Stelle sei noch einmal auf die angeführten Grundsätze des *OVG Nordrhein-Westfalen* verwiesen, wonach es grundsätzlich nicht notwendig sei, dass Lehrkräfte in jedem Falle eine schriftliche oder auch nur mündliche Begründung der Bewertung geben ohne Rücksicht darauf, ob der jeweilige Schüler bzw. seine Erziehungsberechtigten überhaupt erwägen, Einwände zu erheben. Deshalb hänge der konkrete Auskunftsanspruch des Schülers und der Erziehungsberechtigten davon ab, ob sie überhaupt eine Begründung der Leistungsbewertung verlangen, wann sie dies tun, welches Begehren sie damit verfolgen und mit welcher Begründung dies geschieht: „Erst durch eine solche Spezifizierung wird aus dem allgemeinen Begründungsanspruch ein konkreter Anspruch. (…) Nur auf diese Weise wird auch dem berechtigten Interesse der Lehrer, die in einem Schuljahr jedenfalls in der Regel eine Vielzahl von Schülern unterrichten, angemessen

Rechnung getragen, den Aufwand, der mit jeder Begründung der Bewertung von schulischen Leistungen verbunden ist, auf dasjenige Maß zu beschränken, das im Einzelfall zur Gewährleistung eines effektiven Rechtsschutzes des Schülers und seiner Erziehungsberechtigten geboten ist."[196]

Lehrkräfte sind gegenüber den Eltern nicht verpflichtet, nach jeder Arbeit eine Information über den Ausfall der Leistungsüberprüfung („**Notenspiegel**") zu geben, wohl aber gelegentlich.[197]

6.2 Auskunftsanspruch getrennt lebender Eltern

§ 1687 Abs. 1 S. 2 BGB besagt, dass derjenige Elternteil, bei dem sich das Kind mit Einwilligung des anderen Elternteils oder auf Grund einer gerichtlichen Entscheidung für gewöhnlich aufhält, die Befugnis zur alleinigen Entscheidung in Angelegenheiten des täglichen (Schul-)Lebens hat. Entscheidungen in Angelegenheiten des täglichen Lebens sind dabei solche, die häufig vorkommen und die keine schwer abzuändernden Auswirkungen auf die Entwicklung des Kindes haben.

Zu den **Angelegenheiten des täglichen (Schul-)Lebens** zählen beispielsweise Krankmeldungen, Informationen über die Lernentwicklung und das Sozialverhalten, Anmeldung zum Nachhilfeunterricht oder Zeugnisunterschriften. Der andere Elternteil hat dann immer nur einen Auskunftsanspruch gegen den anderen Elternteil, bei dem das Kind lebt, nicht aber auch gegenüber der Schule. Die Schule ist in diesen Fällen weder berechtigt noch verpflichtet, Auskünfte zu erteilen. Etwas anderes gilt nur dann, wenn es sich um **Fragen von wesentlicher Bedeutung** für das Kind handelt (Beispiel: Schulwechsel, Besuch einer weiterführenden Schule, freiwilliges Wiederholen oder Überspringen einer Klasse, gravierende Ordnungsmaßnahmen), dann müssen beide Elternteile gemeinsam entscheiden. Schulische Schreiben sind in diesen Fällen an beide Elternteile zu adressieren.

6.3 Auskunftsanspruch der Eltern bei volljährigen Schülern

Obwohl die Informationsrechte der Eltern mit der Volljährigkeit ihres Kindes grundsätzlich erlöschen, räumen alle Bundesländer auch diesen Eltern gewisse Informationsmöglichkeiten ein. So enthält beispielsweise das Bremische Schulgesetz das Recht, dass sich die Eltern über den Ausbildungsweg unterrichten lassen können. Auskünfte über den Leistungsstand darf die Schule den Eltern nur dann erteilen, wenn ihr Kind nicht widersprochen hat (vgl. beispielsweise § 6a Abs. 1 BremSchulG).

Alle Bundesländer enthalten zudem einen sogenannten **„Erfurt-Paragraf"**, welcher die Schule in der Regel verpflichtet, die Eltern volljähriger Kinder über besonders wichtige schulische Sachverhalte zu informieren. Auslöser für dessen Einführung war der Amoklauf eines 19-jährigen Schülers in einem Erfurter Gymnasium. Bei diesem Schüler hatten sich die Leistungen erheblich verschlechtert, was zur Nichtversetzung, erheblichen Unterrichtsversäumnissen sowie einem Schulverweis führte.

6.4 Rechtsfolgen fehlender oder fehlerhafter Informationen

PRAXIS BEISPIEL

Der bereits volljährige Schüler I. befindet sich im zweiten Jahr der Qualifikationsphase, zuvor hat er die „Q1" bereits wiederholen müssen. Da er aufgrund seiner bisher erbrachten Kursnoten die Zulassung zur Abiturprüfung nicht mehr erreichen kann, beschließt die zuständige Konferenz, dass I. die Oberstufe verlassen muss. Hiergegen wendet sich I. mit der Begründung, dass die Schule ihrer gesetzlichen Informationspflicht nicht nachgekommen sei und es seinerzeit unterlassen habe, seine Eltern über den Leistungsabfall und die Wiederholung der Q1 zu informieren. Er beantragt, ihn deshalb zur Abiturprüfung zuzulassen (nach *VG Berlin*, Beschl. v. 27.2.2020 – 3 L 22/20 = juris).

Kommt die Schule ihren Informations- und Beratungspflichten nicht oder nicht hinreichend nach, so führt dieser Mangel allenfalls zur Rechtswidrigkeit einer schulischen Entscheidung. Es darf aber grundsätzlich nicht zu einer Überkompensation derart kommen, dass der Informationsmangel durch fiktive Leistungen der Schülerin oder des Schülers (welche möglicherweise vorgelegen hätten, wenn die Information rechtzeitig erfolgt wäre) ausgeglichen wird und damit sogleich eine bestimmte Berechtigung verbunden ist.

Das lässt sich gut am Beispiel einer **Nichtversetzungsentscheidung** verdeutlichen, bei der eine nach dem jeweiligen Landesrecht auszusprechende Vorwarnung unterblieben ist: Dieser beachtliche Verfahrensmangel führt nicht automatisch dazu, dass der Schüler einen Anspruch auf das Vorrücken in die nächste Jahrgangsstufe erhält.[198] Vielmehr wird die ausgesprochene Nichtversetzungsentscheidung rechtswidrig, sodass die zuständige (Versetzungs-)Konferenz erneut beraten und entscheiden muss. Dabei muss sie sich dann jedoch tatsächlich die Frage gefallen lassen, welche zusätzlichen Unterstützungsmaßnahmen zum Aufholen der Lernrückstande im Falle einer rechtzeitigen Information hätten ergriffen werden können (Beispiel: Nachhilfeunterricht, Teilnahme an schulischen Förderangeboten) und ob es überwiegend wahrscheinlich ist, dass diese zu einer Versetzungsentscheidung geführt hätten.[199] Kommt die Konferenz zu dem Ergebnis, dass auch fiktive Unterstützungsangebote keinen Erfolg gehabt hätten, so bleibt es trotz einer unterbliebenen Vorwarnung bei der Nichtversetzung.

Aus vergleichbaren Erwägungen wurde auch im **Praxisbeispiel** der Antrag des Schülers zurückgewiesen.

„Sie hören von meinem Anwalt!" – Rechtsbehelfe

7

Entscheidend für den konkreten Rechtsschutz ist die Frage, von welcher Rechtsnatur die in Rede stehende Leistungsbeurteilung ist. Zunächst muss man sich noch einmal vergegenwärtigen, dass Lehrkräfte einen Teil der öffentlichen Verwaltung (mithin der Exekutive) darstellen und ihr tägliches berufliches Handeln somit Verwaltungscharakter hat. Das hoheitliche Handeln der staatlichen Verwaltung kann sich dem Bürger dabei grundsätzlich in zwei unterschiedlichen Spielarten zeigen: entweder als schlichtes Verwaltungshandeln (**Realakte**) oder als ein solches, bei welchem in einem ganz konkreten Einzelfall – etwas verkürzt gesagt – ein bestimmtes Recht begründet, geändert oder versagt wird (**Verwaltungsakte**).[200]

Immer dann, wenn es sich bei einer schulischen Leistungsbeurteilung um einen **Verwaltungsakt** handelt, ist das Rechtsschutzverfahren zweistufig aufgebaut: Zunächst muss der Schüler bzw. müssen dessen Eltern einen *Widerspruch* gegen den Verwaltungsakt einlegen, um dann – wenn dem Widerspruch nicht abgeholfen (bzw. ihm nicht entsprochen) wird – vor dem Verwaltungsgericht *Klage* erheben zu können. Aufgrund der langen Zeiträume, die bis zu einer gerichtlichen Entscheidung vergehen können, ist es für den Bereich der Schule häufig notwendig, dass im *Verfahren des vorläufigen Rechtsschutzes* zumindest eine vorübergehende Entscheidung getroffen wird. Liegt hingegen kein Verwaltungsakt vor, sondern lediglich **schlichtes Verwaltungshandeln**, so sind die Rechtschutzmöglichkeiten schwächer: Schüler bzw. Eltern können sich mit Hilfe einer „*Gegenvorstellung*" nur bei dem jeweiligen Beurteilenden beschweren. Eine Klage vor dem Verwaltungsgericht ist hingegen richtigerweise nicht ohne weiteres möglich.

7.1 Leistungsbeurteilungen als Real- oder Verwaltungsakte

PRAXIS BEISPIEL

Schülerin P. besuchte die 9. Klasse des Gymnasiums. Aufgrund eines Beschlusses der Versetzungskonferenz wurde sie nicht in die 10. Jahrgangsstufe versetzt, weil ihre Leistungen in vier Fächern, u. a. in Physik, mangelhaft waren. Nachdem die Entscheidung über die Nichtversetzung bestandskräftig war, erhoben ihre Eltern zunächst Widerspruch und anschließend Klage vor dem Verwaltungsgericht mit dem Ziel, die Note im Fach Physik abzuändern (*BVerwG*, Beschl. v. 25.4.1983 – 7 B 179/82 = DÖV 1983, S. 819 = juris).

Da die Qualität des staatlichen Verwaltungshandelns wie soeben ausgeführt dafür maßgeblich ist, welches Rechtsmittel von dem betroffenen Bürger jeweils eingelegt werden kann, sind auch die verschiedenen schulischen Leistungskontrollen daraufhin zu überprüfen, ob sie im Einzelfall Real- oder Verwaltungsakte darstellen. Die folgende Übersicht soll dieses für die wichtigsten Leistungsbeurteilungen verdeutlichen:

Übersicht 10: Rechtsqualität schulischer Leistungsbeurteilungen
Anmerkung: Die Bezeichnung der Jahrgänge orientiert sich an der 13-jährigen Schulbesuchszeit (G9).

Realakte

- Noten einzelner Leistungskontrollen (Test, Klassenarbeiten bzw. Klausuren, Referate)
- Einzelnoten auf Zeugnissen
- (Halbjahres-)Zeugnisse bis einschließlich Jahrgang 9, denn sie haben in erster Linie eine Rückmelde-/Informationsfunktion für die Schülerinnen, Schüler und die Eltern (Ausnahme: Das Zeugnis enthält eine Versetzungsberechtigung in die nächsthöhere Jahrgangsstufe, siehe „Verwaltungsakte")
- Aussagen zum Arbeits- und Sozialverhalten in einem Zeugnis
- Einzelne (mündliche oder schriftliche) Teile von Prüfungen

Verwaltungsakte

- Einzelnoten auf Zeugnissen ab Halbjahreszeugnis Jahrgang 10, wenn dadurch die Chancen im Rahmen einer Bewerbung für einen Beruf verschlechtert werden (Halbjahreszeugnisse sind häufig Bewerbungszeugnisse für eine spätere Berufsausbildung)
- Einzelne Kursabschlussnoten, sofern sie für eine Prüfungszulassung maßgeblich sind
- Abschlusszeugnisse, Abgangszeugnisse, Prüfungszeugnisse (wichtig: Die Beurteilungen einzelner Prüfungsteile stellen nur unselbstständige Teilhandlungen dar, gegen die nicht isoliert vorgegangen werden kann)
- Aussagen zum Arbeits- und Sozialverhalten (ab Halbjahreszeugnis Jahrgang 10)
- Zuweisung zu einem Kurs auf einfachem oder erweitertem Anforderungsniveau
- Versetzungsentscheidungen

In dem Ausgangsfall hat das *BVerwG* hervorgehoben, dass es sich bei einer einzelnen Zeugnisnote lediglich um einen Realakt handelt, der nicht durch Widerspruch und Klage angegriffen werden kann: Der einzelnen Zeugnisnote fehle es insoweit an der unmittelbaren Rechtswirkung nach außen, „weil sie keine über den Schulbereich hinausgehende unmittelbare Rechtswirkung und auch keine Bedeutung für die weitere Schullaufbahn der Klägerin hat." Der richtige Rechtsbehelf wäre insoweit eine Beschwerde bzw. Gegenvorstellung gewesen.

7.2 Umgang mit Beschwerden bei Realakten

Handelt es sich bei der Leistungsbeurteilung um keinen Verwaltungsakt, sondern um einen Realakt (auch: schlichtes Verwaltungshandeln), dann entfällt das Vorverfahren (Widerspruchsverfahren) und die Eltern müssten unmittelbar klagen. Sie haben lediglich die Möglichkeit, eine an Form und Frist nicht gebundene **Gegenvorstellung bzw. Beschwerde** bei der Schule zu äußern.

Wer einen solchen kostenlosen Rechtsbehelf einlegt, hat nur Anspruch auf einen sogenannten „informativen Bescheid". Damit ist gemeint, dass die Behörde dem Antragsteller lediglich ihr Verfahren und ihre Entscheidung mitteilen muss. Die Behörde muss sich mit der Sache nicht im Einzelnen auseinandersetzen und auch keine Begründung abgeben. Dieser informative Bescheid ist kein Verwaltungsakt. Die Eltern hätten auch die Möglichkeit, eine Aufsichtsbeschwerde bei der Schulaufsicht einzureichen. Ziel eines solchen Rechtsbehelfs ist es, das Handeln einer nachgeordneten Behörde überprüfen zu lassen. Allerdings besteht auch hier nur wieder ein Anspruch auf einen informativen Bescheid.

7.3 Umgang mit Widersprüchen gegen Verwaltungsakte

7.3.1 Ablauf eines Widerspruchsverfahrens

Der Widerspruch ist zunächst einmal schriftlich oder zur Niederschrift entweder an die jeweilige Schule oder an die übergeordnete Behörde zu richten. Die Frist beträgt einen Monat seit der Bekanntgabe des Verwaltungsakts, bei einer fehlenden oder fehlerhaften Rechtsbehelfsbelehrung ein Jahr.

Für die erste Überprüfung ist die Schule als erlassende Behörde (sogenannte **Ausgangsbehörde**) zuständig. Hält sie die Einwände gegen ihre Entscheidung für begründet, dann hilft sie dem Widerspruch durch einen formellen Bescheid ab (Abhilfebescheid).

Hält die Schule den Widerspruch nach erneuter Prüfung für unbegründet, dann leitet sie ihn an die übergeordnete Behörde (sogenannte **Widerspruchsbehörde**) weiter. Diese prüft dann ebenfalls die Entscheidung der Schule. Kommt sie zu dem Ergebnis, dass der Verwaltungsakt rechtswidrig war, dann kann sie ihn entweder selbst aufheben oder aber die Ausgangsbehörde anweisen, dem Widerspruch abzuhelfen. Hält sie den eingelegten Widerspruch hingegen für unbegründet, dann erlässt sie einen Widerspruchsbescheid.

Im Anschluss steht es dem Beschwerdeführer sodann frei, ein Verfahren vor dem **Verwaltungsgericht** anzustrengen.

7.3.2 Grundvoraussetzung: „substantiierte Einwendungen"

PRAXIS BEISPIEL

Nachdem Schülerin S. an einem staatlich anerkannten Gymnasium ihr Zeugnis über die Allgemeine Hochschulreife erhalten hat, legt sie hiergegen Widerspruch ein. Sie macht u. a. geltend, dass die Note im Fach Sport in „Q1.2" fehlerhaft zustande gekommen sei, da der Sportlehrer im Rahmen einer mündlichen Leistungsüberprüfung doch sehr anspruchsvolle Fragen gestellt habe, die über dem Anspruchsniveau der 12. Jahrgangsstufe gelegen hätten. Im Rahmen der Abiturprüfung seien ferner ihre Leistungen in den Prüfungsfächern Französisch (02 Punkte), Deutsch (05 Punkte) und Religion (09 Punkte) sowie Mathematik (01 Punkt) rechtsfehlerhaft bewertet worden, denn diese Bewertungen stünden in einem eklatanten Gegensatz zu den bisherigen, weitaus besseren Noten in diesen Fächern (*VG München*, Urt. v. 4. 2.2013 – M 3 K 10.5790 = juris).

Zumindest für Widersprüche gegen berufsöffnende Prüfungen (und damit auch für die Abschlussprüfungen am Ende der Sekundarstufe I und die Abiturprüfung) wird ganz allgemein gefordert, dass ein eingelegter Widerspruch auch zu begründen ist.[201] Rechtlich gesprochen muss der Widerspruch durch **wirkungsvolle Hinweise „substantiiert"** werden, d. h., der Widerspruchsführer muss mit Hilfe konkreter und nachvollziehbarer Einwände darlegen, weshalb die getroffene Beurteilung rechtsfehlerhaft ist.[202] Diese substantiierte Hinweispflicht gilt sowohl für Einwände gegen die prüfungs- bzw. prüferspezifischen Wertungen, bei denen die Lehrkräfte wie dargestellt einen eigenen Beurteilungsspielraum haben, als auch für Einwände gegen andere mögliche Rechtsfehler der Leistungsbeurteilung (wie beispielsweise Fehler in der Phase der Leistungserbringung).

Mit Verweis auf die Rechtsprechung führt das *VG Würzburg* zur Notwendigkeit substantiierter Einwendungen aus: „Das Ausmaß der gerichtlichen Prüfung ist trotz des Amtsermittlungsgrundsatzes im Verwaltungsprozessrecht auf konkrete substantiierte Einwendungen des Klägers beschränkt. Der Kläger muss konkret darlegen, in welchen Punkten die Bewertung seiner Meinung nach Fehler aufweist, indem er substantiierte Einwände gegen Prüferbemerkungen und -bewertungen erhebt. Er hat mithin plausibel mit konkreten Hinweisen darzulegen, dass die Beurteilung des Prüfers einem Fachkundigen als unhaltbar erscheinen muss. Macht er geltend, dass etwa eine als falsch bewertete Antwort in Wahrheit vertretbar sei und so auch vertreten werde, so hat er dies unter Hinweis auf entsprechende Fundstellen näher darzulegen (…)."[203]

Eine pauschale Kritik im Sinne von „*Die Aufgabe war doch viel zu schwierig*“ oder „*Der Prüfer hat zu streng bewertet*“ reicht daher als Begründung grundsätzlich nicht aus. Auch ein allgemeiner Hinweis, dass andere Lehrkräfte bzw. Prüfer eine erbrachte Leistung nach eigener Aussage besser bewertet hätten, ist grundsätzlich unerheblich, weil es nur auf den Bewertungsmaßstab des ursprünglichen Lehrers ankommt.[204] Unterbleibt die Begründung des Widerspruchs, so muss die Behörde ihm zwar trotzdem nachgehen, jedoch trägt der Schüler (bzw. sein gesetzlicher Vertreter) dann das Risiko dafür, dass ein möglicher Mangel nicht entdeckt wird.[205]

Mit guten Gründen wird man diese Begründungspflicht auch für Widersprüche gegen **Nichtversetzungsentscheidungen** fordern müssen. In der Literatur wird die Ansicht vertreten, dass die von der Rechtsprechung aufgestellten Grundsätze zum „Überdenken von Leistungsbewertungen“, die eine Hinweispflicht des Schülers auf mögliche Irrtümer und Rechtsfehler verlangen, nur auf solche Leistungsbewertungen (bzw. Rechtsbehelfe gegen sie) anzuwenden seien, bei denen in das durch Art. 12 Abs. 1 GG geschützte Grundrecht auf freie Wahl der Ausbildungsstätte eingegriffen wird. Richtigerweise wird man diese Hinweispflicht aber auch für alle anderen Leistungsbewertungen verlangen müssen, da anderenfalls eine hinreichend genaue Prüfung nicht möglich ist. Für den Widerspruch des Schülers gegen eine Nichtversetzungsentscheidung bedeutet dieses, dass er den Widerspruch begründen muss. Allerdings sollten die Anforderungen an diese Begründungspflicht nicht zu hoch gesetzt werden.

In unserem **Praxisbeispiel** hat das *VG München* die von der Schülerin vorgebrachte Kritik richtigerweise als unbegründet zurückgewiesen: „Soweit die Klägerin im Fach Sport die Bewertung (…) rügt, hat sie keinerlei substantiierte Einwände gegen die Prüfungsinhalte erhoben. Die pauschale Behauptung, die anspruchsvollen Fragen des Sportlehrers seien nicht nachvollziehbar gewesen, genügt diesen Anforderungen nicht, ebenso wenig der Vortrag, es sei dabei um komplizierte medizinische Fragen gegangen. (…) Das gleiche [sic!] gilt für die pauschale Behauptung der Klägerin, die Beurteilung ihrer Leistungen in der Abiturprüfung sei rechtsfehlerhaft erfolgt, da sie in eklatantem Gegensatz zu den bisherigen, weitaus besseren Noten der Klägerin in diesen Fächern stehe. Zu bewerten ist jeweils nur die konkrete in einer bestimmten Prüfung erbrachte Prüfungsleistung. Im gleichen Fach in anderen Prüfungen erbrachte Leistungen sind dabei nicht zu berücksichtigen. Konkrete substantiierte Darlegungen, warum die Leistungen der Klägerin in der Abiturprüfung rechtsfehlerhaft erfolgt sind, liegen ebenso wenig vor, wie entsprechende Nachweise.“

7.3.3 Widerspruchs- und Klageverfahren

Ausgangsbehörde (Schule)

Im Rahmen des Widerspruchverfahrens wird der streitgegenständliche Verwaltungsakt – auf der Basis der konkreten und nachvollziehbaren Einwendungen – von der Schule als Ausgangsbehörde grundsätzlich sowohl auf seine Rechtmäßigkeit als auch auf seine Zweckmäßigkeit (Beispiel: Versetzungsentscheidungen) hin vollständig geprüft (§ 68 Abs. 1 S. 1 VwGO).

Es müssen sich zunächst einmal diejenigen Lehrkräfte bzw. Prüfer mit der Entscheidung befassen, die auch **ursprünglich** für die Entscheidung **zuständig** waren.[206] Dadurch lässt sich am besten gewährleisten, dass dieselben Maßstäbe, Vorstellungen und Erfahrungen zugrunde gelegt werden wie in der Erstbewertung.[207] Das gilt insbesondere für den Fall, dass prüferspezifische Wertungen gerügt werden. Die Gerichte prüfen sehr genau, ob es tatsächlich zu einem **Überdenken der Leistungsbeurteilung** durch die jeweilige Lehrkraft bzw. Prüfer gekommen ist, denn dieses verwaltungsinterne Kontrollverfahren stellt einen Ausgleich für die unvollkommene Kontrolle von Prüfungsentscheidungen durch die Verwaltungsgerichte dar und erfüllt damit zugleich – in Ergänzung des gerichtlichen Rechtsschutzes – eine Komplementärfunktion für die Durchsetzung des Grundrechts der Berufsfreiheit.[208] Das Überdenkungsverfahren wird auch nicht dadurch entbehrlich, dass dem Prüfling zuvor eine schriftliche Begründung der Leistungsbeurteilung überlassen wurde, denn eine solche Begründung eröffnet dem jeweiligen Beschwerdeführer ja gerade erst die Möglichkeit, überhaupt substantiierte Einwendungen zu erheben, anhand derer die Lehrkräfte bzw. Prüfer ihre Bewertung zu überdenken haben.[209]

Die Lehrkräfte müssen zu den **Einwendungen konkret Stellung nehmen**. Der Umfang und die Begründungstiefe, die eine im Überdenkungsverfahren abgegebene Stellungnahme aufweisen muss, hängen von der Substanz der im konkreten Fall vorgebrachten Einwendungen des Prüflings ab.[210] Hält eine Lehrkraft bzw. ein Prüfer pauschal an seiner ersten Bewertung fest, ohne dies näher zu begründen, kann das von einem Gericht als ein beachtlicher Verfahrensfehler angesehen werden, der die Leistungsbeurteilung insgesamt fehlerhaft macht.

Problematisch sind die Fälle, in denen das Überdenken der ursprünglich vorgenommenen Beurteilung zu einer Verschlechterung des Bewertungsergebnisses führen würde. Nach weit verbreiteter Ansicht besteht für den Bereich des Überdenkungsverfahrens ein **Verschlechterungsverbot**: Eine solche **reformatio in peius** wird grundsätzlich als unzulässig angesehen, insbesondere ist dem Beurteilenden verboten, seinen Bewertungsmaßstab (zum Beispiel die Zuordnung einzelner Teilpunkte zu einer Aufgabe) nachträglich im Rahmen des Überdenkens zu verändern. Für eine generelle Unzulässigkeit einer Verschlechterung spricht die Überlegung, dass ein Prüfling anderenfalls immer damit rechnen müsste, durch einen Hinweis auf einen möglichen (und vielleicht auch zutreffenden) Fehler noch schlechter bewertet zu werden. Das nochmalige Überdenken einer einmal getroffenen Beurteilung darf immer nur zu dem gleichen oder aber zu einem besseren Endergebnis führen.

Widerspruchsbehörde

Hilft die Schule dem eingelegten Widerspruch nicht durch eine andere Entscheidung ab, dann muss die jeweils zuständige Widerspruchsbehörde – sehr häufig sind das die zuständigen Schulaufsichten – eine endgültige Entscheidung treffen und das verwaltungsinterne Kontrollverfahren abschließen. Der **Kontrollumfang** bzw. der Gegenstand der Überprüfung bestimmt sich auch bei ihr danach, was zuvor von dem Beschwerdeführer ganz konkret bzw. substantiiert gerügt wurde – es findet insoweit also keine losgelöste, vollumfängliche Nachkontrolle einer Leistungsbeurteilung in allen ihren Einzelheiten statt.

Die **Kontrolldichte** der Widerspruchsbehörde ist gleichwohl sehr hoch: Geht es um Widersprüche gegen schriftliche, mündliche oder sonstige Leistungskontrollen, so können gerügte Mängel in der Phase der Leistungserbringung (Beispiel: äußere Störungen) oder in der Phase der Leistungsbewertung (Beispiel: Verbot sachfremder Erwägungen) grundsätzlich selbstständig von der Widerspruchsbehörde überprüft werden. Richtet sich die vorgebrachte Kritik gegen tatsachenspezifische Wertungen einer Lehrkraft, so ist bei fehlender Sachkunde gegebenenfalls sachverständige Hilfe heranzuziehen (Beispiel: Stellungnahmen von Fachgutachtern der jeweiligen Ministerien oder von Fachsprechern einer Schule zu der Frage, ob etwas aus fachlicher Sicht richtig oder falsch ist).

Eine **verringerte Kontrolldichte** der Widerspruchsbehörde besteht jedoch bei solche Einwendungen, die sich gegen prüfungs- bzw. prüferspezifische Wertungen sowie gegen die Noteninterpretation richten: Aufgrund des individuellen Beurteilungsspielraumes der Lehrkräfte bzw. der Prüfer kann und darf hier lediglich überprüft werden, ob die individuellen Wertungen und Gewichtungen nachvollziehbar und transparent sind und ob die vorgenommenen Bewertungen frei von inhaltlichen Widersprüche sind. Davon wäre beispielsweise dann auszugehen, wenn die Lehrkraft ihre autonomen Bewertungsmaßstäbe nicht einheitlich für alle Schülerinnen und Schüler anwendet. Grundlage für diese Prüfung sind die angefertigten Begründungen (Beispiele: Erwartungshorizonte, Gutachten und Protokolle für schriftliche und Prüfungsleistungen) der Lehrkräfte und Prüfer.

Eine verringerte Kontrolldichte gibt es nicht nur bei Leistungskontrollen, sondern gleichermaßen auch für **Versetzungsentscheidungen**. Dafür spricht die Überlegung, dass es sich um komplexe Prognoseentscheidungen handelt, die von den Lehrkräften aufgrund persönlicher Eindrücke über einen längeren Zeitraum gewonnen werden und sich insoweit kaum objektiv nachträglich überprüfen lassen.[211] Eine Zweckmäßigkeitskontrolle, wie sie sonst von der Widerspruchsbehörde vorgenommen wird, kommt hier kaum in Betracht.

Selbiges gilt für die **Gewährung eines Nachteilsausgleichs.**[212]

Verwaltungsgericht

Wurde dem eingelegten Widerspruch weder von der Schule noch von der Schulaufsichtsbehörde als Widerspruchsbehörde abgeholfen, so kann in einem weiteren Schritt Klage vor dem Verwaltungsgericht erhoben werden. Diese ist immer erst dann zulässig, wenn zuvor das oben beschriebene Widerspruchsverfahren durchgeführt wurde. Klagebefugt sind sowohl die Schülerinnen und Schüler selbst als auch bei Minderjährigkeit die gesetzlichen Vertreter.

7.4 Wenn Eile geboten ist: Einstweiliger Rechtsschutz

Von sehr großer praktischer Bedeutung ist das Verfahren des vorläufigen Rechtsschutzes.[213] In Anbetracht der langen Zeiträume, die bis zur Durchführung einer gerichtlichen Verhandlung vergehen, ist es häufig notwendig, eine vorläufige Entscheidung zu begehren, etwa wenn ein Schüler aufgrund einer rechtswidrigen Versetzungsentscheidung nicht in die nächste Jahrgangsstufe versetzt wird. Dann ist es notwendig, zumindest eine einstweilige Entscheidung über die Rechtmäßigkeit der Versetzung zu erhalten. Zuständig für solche Verfahren ist jeweils das Gericht, das auch in der Hauptsache entscheiden würde. Da es sich um eine einstweilige Entscheidung handelt, prüft das Gericht nur **summarisch** (d. h. überschlagartig), ob das behauptete Recht besteht (sogenannter Anordnungsanspruch) und ob es tatsächlich einer vorläufigen Entscheidung durch ein Gericht bedarf (sogenannter Anordnungsgrund). Beide Voraussetzungen müssen vor Gericht von dem Antragsteller glaubhaft gemacht werden. Für die Beurteilung der Glaubhaftmachung stellen die Gerichte auf die Erfolgsaussichten des

Hauptsacheverfahrens ab, wobei sie ein unterschiedlich starkes Maß an Wahrscheinlichkeit für das Obsiegen in dem Hauptsacheverfahren verlangen.

Begehrt ein Schüler (oder dessen gesetzlicher Vertreter) vorläufigen Rechtsschutz gegen eine **Nichtversetzungsentscheidung**, dann kommt ein Antrag auf Erlass einer einstweiligen Anordnung (in Form der Regelungsanordnung, § 123 Abs. 1 S. 2 VwGO) in Betracht, durch die dem Schüler der Besuch der nächsthöheren Jahrgangsstufe vorläufig („gastweise") gestattet werden kann.[214]

Diese Ansicht ist nicht ganz unwidersprochen. Für die Beantwortung des statthaften Rechtsschutzmittels ist von dem Begehren des Rechtsschutzsuchenden (§ 88 VwGO) auszugehen. Wird jemand nicht in die nächste Jahrgangsstufe versetzt, dann wäre ihm nicht damit geholfen, wenn die aufschiebende Wirkung seines Widerspruchs durch das Gericht wiederhergestellt würde. Die nächste Jahrgangsstufe dürfte er dann immer noch nicht besuchen. Ihm kommt es vielmehr darauf an, eine positive Versetzungsentscheidung zu erhalten. Dieses Begehren geht über § 80 Abs. 5 VwGO hinaus, weshalb in diesem Fall § 123 Abs. 1 S. 2 VwGO statthaft ist.

Ähnlich ist die Rechtslage, wenn eine Schülerin gegen eine **Prüfungsentscheidung** vorgehen möchte. Auch in diesen Fällen hilft es ihr nur wenig, wenn das Gericht die aufschiebende Wirkung wiederherstellt (sofern sie von der Schule besonders angeordnet wurde). Die Schülerin begehrt vielmehr die Sicherung eines Anspruchs, der auf eine fehlerfreie Durchführung der Prüfung sowie auf eine sachgerechte Bewertung seiner Leistung gerichtet ist. Damit kommt auch hier nur ein Antrag nach § 123 Abs. 1 S. 2 VwGO in Betracht.[215]

Der Erlass einer einstweiligen Anordnung nach § 123 VwGO verfolgt immer nur das Ziel, einen Anspruch zu sichern, nicht jedoch ihn auch zu befriedigen. Für das Gericht hat das zur Folge, dass es eine Entscheidung im Hauptsacheverfahren grundsätzlich nicht vorwegnehmen darf, denn die endgültige Klärung soll ja erst dort erfolgen. Eine Ausnahme von diesem Grundsatz wird jedoch in den Fällen zugelassen, in denen eine endgültige Entscheidung zur Gewährung effektiven Rechtsschutzes schlechterdings notwendig ist.[216] Das ist bei Verfahren gegen Versetzungs- und Prüfungsentscheidungen der Fall, da ein Abwarten der Schülerin oder des Schülers wegen der langen Wartezeit mit wesentlichen Nachteilen verbunden wäre. In diesen Fällen darf das **Ergebnis** des Hauptsacheverfahrens **teilweise vorweggenommen** werden.

Nicht ganz einheitlich wird in Rechtsprechung und Literatur die Frage beantwortet, ob das Verfahren des vorläufigen Rechtsschutzes nur möglich ist, wenn zuvor bereits ein **Widerspruch** erhoben wurde. Während nach überwiegender Meinung das Verfahren nach § 80 Abs. 5 VwGO einen solchen Widerspruch erfordert – denn gerade dessen aufschiebende Wirkung soll ja angeordnet oder wiederhergestellt werden –, wird richtigerweise für Verfahren nach § 123 VwGO darauf verzichtet.[217]

7.5 Rechtsfolgen fehlerhafter Leistungsbeurteilungen

7.5.1 Vorprüfung I: Rechtzeitige Rüge von Verfahrensfehlern

Wie bereits an anderer Stelle beschrieben, obliegen der Schülerin oder dem Schüler im Zusammenhang mit Leistungskontrollen gewisse **Mitwirkungspflichten**. Für Abschlussprüfungen lassen sich diese ohne weiteres aus dem besonderen Prüfungsrechtsverhältnis ableiten, für die schulalltäglichen Leistungsüberprüfungen kann auf das allgemeine Schulverhältnis abgestellt werden.

Zu den Mitwirkungsobliegenheiten gehört es insbesondere, auf eventuelle Mängel in der Phase der Leistungserbringung **rechtzeitig, d.h. ohne schuldhaftes Zögern, hinzuweisen**, soweit dem Prüfling dies zumutbar ist und es sich nicht um einen offensichtlichen Mangel handelt, welcher ohnehin von Amts wegen zu beheben ist. Unterlässt der Prüfling eine solche ihm zumutbare zeitnahe Rüge eines Fehlers des Prüfungsverfahrens, so ist ihm nach ständiger Rechtsprechung die spätere Berufung auf die Beachtlichkeit dieses Fehlers grundsätzlich verwehrt.[218] Mit diesem Rechtsgrundsatz soll verhindert werden, dass sich ein Prüfling gegenüber anderen Prüflingen dadurch einen Vorteil verschafft, dass er zunächst einmal ein bestimmtes Verfahren der Leistungsüberprüfung akzeptiert, um dieses dann später – im Falle einer ungünstigen Leistungsbeurteilung – zu beanstanden. Ein solches Verhalten wäre nicht redlich und würde einen Verstoß gegen das Gebot der Chancengleichheit darstellen.

Die soeben skizzierte Mitwirkungsobliegenheit hat eine sehr wichtige **Konsequenz für die Prüfung eventueller Verfahrensmängel** im Widerspruchsverfahren (sowohl durch die Schule als auch durch die Widerspruchsbehörde) sowie in einem anschließendem gerichtlichen Verfahren: Auch wenn ein Fehler in der Phase der Leistungserbringung objektiv vorliegt, ist er unbeachtlich, wenn sich der Prüfling darauf hätte rechtzeitig berufen müssen. Typischerweise gilt das für folgende Konstellationen:

Übersicht 11: Fallgestaltungen mit einer rechtzeitigen Rügeobliegenheit

- Äußere und innere Störungen einer Leistungskontrolle (Beispiele: Lärm, Hitze)
- Vorliegen der eigenen Prüfungsunfähigkeit aufgrund einer Erkrankung o. Ä.
- Verstoß gegen das Gebot der Sachlichkeit eines Prüfers oder der Fairness
- in der Vorbereitungsphase, sofern nach der einschlägigen Prüfungsordnung die Leistungen aus dieser Phase in die Gesamtqualifikation eingehen (Beispiel: Abitur).

7.5.2 Vorprüfung II: Erheblichkeit des Fehlers

PRAXIS BEISPIEL

In einer Pädagogik-Klausur sollen die Schüler am Beispiel des Jugendlichen Fritz Schulze unter anderem jugendtypische Problemlagen hinsichtlich ihrer psychischen und sozialen Dimensionen erfassen und beschreiben. Aus Unachtsamkeit benennt die Lehrkraft den Jugendlichen an zwei Stellen des Aufgabentextes fälschlicherweise als „Fred Schulze". Schüler P. ist mit dem Ergebnis seiner Klausur nicht einverstanden, insbesondere habe ihn der falsche Name bei der Klausurbearbeitung irritiert (in Anlehnung an *VGH Baden-Württemberg*, Urt. v. 6.6.1989 – 9 S 1039/89 = DVBl. 1989, S. 1202)

Stellt sich in dem Widerspruchsverfahren oder im Rahmen des gerichtlichen Verfahrens heraus, dass ein Fehler in der Leistungsbeurteilung vorliegt, hat dies nicht automatisch zur Folge, dass auch der angegriffene Verwaltungsakt aufgehoben wird. Beachtlich sind Beurteilungsfehler grundsätzlich nur dann, wenn sie sich auch auf das Ergebnis der Leistungsbeurteilung ausgewirkt haben können und sie somit ursächlich sind (**erhebliche Mängel**).

An dieser Ursächlichkeit fehlt es zum einen, wenn die Prüfungsentscheidung gar nicht auf dem Fehler beruht (Beispiele: In einem Protokoll zu einer mündlichen Abschlussprüfung fehlt die notwendige Unterschrift des Vorsitzenden[219]; trotz falscher Hinweise der Schule bringt der Prüfling die richtigen Hilfsmittel mit zur Prüfung[220]; es liegen – wie im obigen **Praxisbeispiel** – offensichtliche Schreibfehler vor). Zum anderen sind Fehler unbeachtlich, wenn das Ergebnis der Leistungsbeurteilung ohne den Fehler nicht anders ausgefallen wäre.[221] Schließlich sind solche Fehler im Rahmen einer Leistungskontrolle unbeachtlich, die eine Lehrkraft bzw. die jeweilige Prüfungskommission gegenüber einer anderen Person begangen hat. Auf einen erheblichen Fehler kann sich ein Prüfling nämlich nur dann berufen, wenn dieser ihn persönlich betrifft, weil der Fehler in seiner Leistungskontrolle erfolgt ist. Nicht zulässig ist es, Fehler bei anderen Prüfungen zu rügen, solange das eigene Prüfungsverfahren ordnungsgemäß durchgeführt worden ist. Es gibt insoweit **keine Gleichbehandlung im Unrecht**.[222]

7.5.3 Summative Leistungskontrollen

Für die Frage nach der richtigen Rechtsfolge einer fehlerbehafteten Leistungsbeurteilung muss danach unterschieden werden, in welcher Phase der Mangel auftrat:

Fehler in der Phase der Leistungserbringung

PRAXIS BEISPIEL

Die schriftliche Abiturprüfung im Fach Mathematik setzt sich aus einem Pflichtteil und Aufgaben aus einem Wahlteil zusammen. Obwohl die Prüflinge nach der maßgeblichen Abiturverordnung alle Aufgaben zu Beginn der Prüfung erhalten sollen, müssen die Schülerinnen und Schüler am A-Gymnasium zunächst die Pflichtaufgaben bearbeiten, erst anschließend erhalten sie die Wahlaufgaben. Als das Kultusministerium den Fehler bemerkt, ordnet es eine Wiederholungsprüfung an, wobei für die betroffenen Schülerinnen und Schüler die Regelung gelten soll, dass das bessere Klausurergebnis aus beiden Prüfungen zählt. Schülerin K., die das B-Gymnasium besucht und bei deren Abiturprüfung alles richtig verlaufen ist, vertritt die Meinung, dass die Prüflinge des A-Gymnasiums bessergestellt wären als sie. Im Verfahren des vorläufigen Rechtschutzes begehrt sie die einstweilige Anordnung, dass das Kultusministerium diese Vorgehensweise unterlässt (*VG Sigmaringen*, Beschl. v. 2.5.2005 – 4 K 704/05 = juris).

Hat sich ein Verfahrensfehler auf die Leistungskontrolle ausgewirkt – oder anders ausgedrückt: liegt ein erheblicher Fehler vor – , so findet grundsätzlich eine **Wiederholung** des gerügten (schriftlichen oder mündlichen) Prüfungsteils statt.[223] Die erforderliche Neuprüfung ist so zu gestalten, dass dem Prüfling nur die geringstmöglichen Nachteile entstehen.[224] Für die zu wiederholende Prüfung bedeutet das konkret, dass nach Möglichkeit nur derjenige Prüfungsteil zu wiederholen ist, der von dem Verfahrensfehler betroffen ist.

Unzulässig ist es, den Schülerinnen und Schülern wie in dem Ausgangsfall geschehen eine weitere Leistungskontrolle als **Verbesserungsprüfung** anzubieten, verbunden mit dem Recht, anschließend das bessere Prüfungsergebnis auswählen zu können. Das wäre eine rechtswidrige Überkompensation des zu korrigierenden Mangels und würde gleichsam alle anderen Prüflinge, die diese Wahlmöglichkeit nicht haben, benachteiligen.[225]

Erhebliche Bedenken bestehen gegen die Praxis, für den Fall einer nachweislich zu schwierigen und damit **ungeeigneten Prüfungsaufgabe** nachträglich lediglich den Bewertungsmaßstab anzupassen und auf eine erneute Klausur zu verzichten. Ein solches Vorgehen verstößt grundsätzlich gegen die Rechtsprechung des *BVerwG*, wonach „der aus Art. 3 Abs. 1 GG folgende Grundsatz der Chancengleichheit im Prüfungsverfahren die Prüfungsbehörde nicht nur nicht dazu verpflichtet, zugunsten des Prüflings den Bewertungsmaßstab der Prüfungsordnung zu ändern, um damit einen bei der

Leistungserhebung gemachten Fehler auszugleichen, sondern dass ein derartiges Verfahren seinerseits als willkürlich und gegen Art. 3 Abs. 1 GG verstoßend anzusehen ist. Durch eine Änderung des Prüfungsmaßstabs können ungleiche Bedingungen bei der Leistungserhebung schon deshalb nicht ausgeglichen werden, weil sich diese regelmäßig nicht quantifizieren lassen und deshalb auch nicht beurteilt werden kann, was der Prüfling bei fehlerfreiem Verfahren geleistet hätte. Fiktive Leistungen dürfen aus dem gleichen Grunde nicht zur Grundlage einer Prüfungsentscheidung gemacht werden. Daher muss der Prüfling die Prüfungsleistung in aller Regel wiederholen, auch wenn das für ihn einen Nachteil bedeutet, der seinen Ursprung nicht in seiner persönlichen Sphäre, sondern im Verantwortungsbereich der Prüfungsbehörde hatte."[226]

Die Wiederholungsprüfung kann dazu führen, dass der Prüfling ein schlechteres Endergebnis erzielt, denn die in ihrem Rahmen erbrachte Leistung ist ohne Rücksicht auf die ursprüngliche Leistungsüberprüfung zu bewerten. Es gibt insoweit **kein Verschlechterungsverbot**.

PRAXIS BEISPIEL

Im Leistungskurs Deutsch werden an diesem Tag die Abiturprüfungen geschrieben. Lehrer L., der die letzte Klausuraufsicht hat, sammelt die Klausuren nach 210 Minuten ein, da er irrtümlich davon ausgeht, dass es sich um einen Grundkurs handelt. Nach der einschlägigen Abiturverordnung hätten die Prüflinge im Leistungskurs jedoch 270 Minuten Arbeitszeit zur Verfügung haben müssen. Als die Prüfungskommission von dem Fehler erfährt und eine Wiederholungsprüfung in Aussicht stellt, lehnt Schüler S. dies mit der Begründung ab, dass er ohnehin bereits nach 210 Minuten mit der Bearbeitung fertig war.

Soeben wurde dargestellt, dass Schülerinnen und Schüler im Falle einer fehlerhaft durchgeführten Leistungskontrolle einen Anspruch auf eine Wiederholungsprüfung haben. Selbstverständlich ist es aber möglich, dass ein **Prüfling hierauf verzichtet** und erklärt, dass stattdessen die ursprüngliche Leistungsüberprüfung bewertet werden soll.[227] Die jeweilige Prüfungskommission kann dafür ein entsprechendes Schreiben vorbereiten, welches auf die beiden Wahlmöglichkeiten hinweist (Geltung der ursprünglichen Leistungskontrolle oder Wiederholungsprüfung) und eine entsprechende Entscheidung verlangt, wobei bei Minderjährigen aufgrund der Tragweite der Entscheidung zwingend auch die Sorgeberechtigten unterzeichnen müssen.

Fehler in der Phase der Leistungsbewertung

Liegt ein inhaltlicher Bewertungsfehler vor, so muss die Prüfungsleistung unter Beachtung der Rechtsauffassung des Gerichts bzw. der Widerspruchsbehörde **neu bewertet** werden.[228] Ein Verwaltungsgericht trifft insoweit nie eine eigene Bewertungsentscheidung, sondern gibt die Neubewertung stets zurück an die jeweilige Ausgangsbehörde, verbunden mit der Aufforderung, den vorhandenen Bewertungsfehler zu korrigieren.

Etwas anderes gilt nur dann, wenn eine erneute Bewertung der Leistung nicht mehr möglich ist. Das ist beispielsweise der Fall, wenn seit der Leistungsbeurteilung schon ein recht langer Zeitraum verstrichen ist. So hielt das *VG Arnsberg* die Neubewertung einer Schuljahresendnote für unmöglich, die die Lehrkraft rund ein Jahr zuvor gegeben hatte: Nach „Ablauf eines Zeitraums von einem Jahr [ist, d. V.] insbesondere vor dem Hintergrund, dass ein Fachlehrer bereits während des dem Sachverhalt zugrunde liegenden Schuljahrs und in den nachfolgenden Schuljahren eine Vielzahl anderer Schüler in unterschiedlichen Klassen unterrichtet hat bzw. unterrichten dürfte, nach allgemeiner Lebenserfahrung prinzipiell nicht mehr gewährleistet, dass sich der Fachlehrer noch an sämtliche für die Bewertung der mündlichen Leistungen des Schülers maßgeblichen Einzelheiten erinnern könnte. Hiervon ausgehend müssten bei einer Neubewertung der Leistungen (…) die im zweiten Halbjahr des Schuljahres (…) gezeigten mündlichen Leistungen in Relation zu den sonstigen im Zusammenhang mit dem Unterricht erbrachten Leistungen gesetzt werden. Voraussetzung für diese Bewertung ist, dass der Fachlehrerin die mündlichen Leistungen des Schülers noch voll präsent sind. Denn der Grundsatz der Chancengleichheit gestattet es nicht, Prüfungsleistungen und damit auch schulische Leistungen neu zu bewerten, wenn eine verlässliche Entscheidungsgrundlage nicht oder nicht mehr vorhanden ist.“[229] In diesem Fall muss die Prüfungsleistung noch einmal erbracht werden.

Wie bereits oben erklärt, ist für die erneute Bewertung der Prüfungsleistung grundsätzlich diejenige Lehrkraft bzw. der Prüfungsausschuss zuständig, der auch die Erstbewertung vorgenommen hat. Eine weitere, bisher noch nicht an der gerügten Beurteilung beteiligte Lehrkraft sollte aus Gründen der Objektivität hinzugezogen werden.

Nur in Ausnahmefällen ist es geboten, dass die Prüfungsleistung von einem **anderen Prüfer** bewertet wird.[230] Das ist beispielsweise der Fall, wenn der Prüfer offenkundig befangen ist. Das *BVerwG* hat in diesem Zusammenhang entschieden, dass es bei der Neukorrektur einer schriftlichen Prüfungsleistung nicht erforderlich sei, die Korrekturbemerkungen des ausgeschiedenen Prüfers aus der Prüfungsarbeit zu entfernen.[231]

Während im sogenannten Überdenkungsverfahren ein weitgehendes Verschlechterungsverbot (reformatio in peius) besteht, ist der Prüfer im Rahmen einer angeordneten Neubewertung nicht gehalten, einen ursprünglich nicht erkannten Fehler weiterhin zu übersehen. Es gibt insoweit

kein Verschlechterungsverbot. Allerdings darf er auch hier seinen ursprünglich angewendeten Bewertungsmaßstab nicht verändern oder beliebige Gründe nachschieben. Dies gilt auch für gerichtlich angeordnete **Wiederholungsprüfungen.**

Gleiches gilt, wenn eine Endnote aufgrund eines Verfahrensfehlers rechtswidrig zustande gekommen ist. So erklärt der *VGH Schleswig-Holstein* für einen Fall, bei dem in der Oberstufe die Noten eines Faches in zwei aufeinander folgenden Halbjahreszeugnissen fehlerhaft waren: Eine „Neubewertung der erbrachten Leistungen käme nicht in Frage, weil diese wegen der Verfahrensfehler nicht bewertungsfähig wären. Aus Gründen der Chancengleichheit (Art. 3 Abs. 1 GG) ließen sich die bei der Leistungserhebung unterlaufenen Verfahrensfehler auch nicht durch eine nachträgliche Änderung des Bewertungsmaßstabes oder durch Zugrundelegung fiktiver Leistungen ausgleichen. Vielmehr müsste die Leistung in aller Regel wiederholt werden, auch wenn das für den Betroffenen einen Nachteil bedeutete, der seinen Ursprung nicht in seiner persönlichen Sphäre, sondern im Verantwortungsbereich der Schule hätte (…).[232] Die Wiederholung sei nach Ansicht des Gerichts selbst dann geboten, wenn der Betroffene schon nicht mehr die Schule besucht.

7.5.4 Wiederholungsprüfungen von Amts wegen

PRAXIS BEISPIEL Schülerin S. besucht die 10. Klasse einer Berliner Oberschule (Realschule). Nachdem sie erfolgreich an den Zentralen Abschlussprüfungen teilgenommen hat, ordnet die zuständige Behörde eine Wiederholung der landesweiten Prüfung im Fach Mathematik an. Aus Sicht der Behörde lagen nämlich hinreichend konkrete Anhaltspunkte dafür vor, dass die Prüfungsaufgaben bereits vor dem Prüfungstag einer Vielzahl von Schülerinnen und Schülern unterschiedlicher Berliner Schulen bekannt geworden waren. So berichteten einige davon, dass ihnen die Aufgaben teilweise bereits zwei Wochen vor dem Prüfungstermin über das Internet oder in anderer Weise (z. B. in einer Druckerei) entgeltlich oder unentgeltlich angeboten worden waren. Im Klageverfahren wendet sich S. gegen die Anordnung der Wiederholungsprüfung, da sie die Aufgaben noch nicht kannte (*VG Berlin*, Beschl. v. 19.6.2008 – 3 A 220.08 = juris).

Manche Prüfungsordnungen sehen ausdrücklich vor, dass die zuständige Behörde eine Wiederholung der gesamten Prüfung oder einzelner Teile davon für alle oder einen Teil der Teilnehmenden anordnen kann, wenn das Prüfungsverfahren nicht ordnungsgemäß verlaufen ist. Doch auch wenn diese Möglichkeit nicht ausdrücklich in den jeweiligen Ordnungsmitteln genannt wird, folgt das behördliche Recht zur Anordnung einer Wiederholungsprüfung aus allgemeinen prüfungsrechtlichen Grundsätzen: Danach ist eine Prüfungsbehörde von Amts wegen verpflichtet, auf einen bekannt gewordenen erheblichen Mangel im Verfahrensablauf zu reagieren und diesen zu beseitigen, da nur so dem Grundsatz der Chancengleichheit hinreichend Rechnung getragen werden kann. Dabei spielt es auch grundsätzlich keine Rolle, dass der Fehler im Verantwortungsbereich der Behörde liegt (Beispiel: Auf der Rückseite der Prüfungsaufgabe wurde versehentlich ein Teil des Erwartungshorizontes abgedruckt).

Von einem solchen erheblichen Mangel musste die Berliner Behörde in dem **Praxisbeispiel** aufgrund der zahlreichen Rückmeldungen der Schülerinnen und Schüler ausgehen. Da sich die Kenntnis der Prüfungsaufgaben auch nicht nur auf einzelne Jugendliche bzw. auf die einer einzelnen Schule bezog, war es auch geboten, eine landesweite Wiederholungsprüfung anzuordnen: „Anders als in Fällen, in denen einzelne Prüflinge durch einen Täuschungsversuch auffallen und daher kein zwingender Grund besteht, die Prüfung auch für alle anderen Prüflinge zu wiederholen, kann hier der Kreis derjenigen, die die Prüfungsarbeit in Kenntnis der ihnen unzulässigerweise vorab bekannt gewordenen Aufgaben geschrieben haben, nicht näher eingegrenzt werden. Damit besteht die Gefahr, dass eine Vielzahl von Schülern eine ihnen aufgrund ihres Leistungsstandes nicht zustehende (zu gute) Bewertung erhält und dass auch das Leistungsbild insgesamt verfälscht wird. Eine Alternative zu der (...) angeordneten allgemeinen Wiederholung der Mathematikprüfung kommt daher nicht in Betracht. (...) Von daher kommt es nicht darauf an, ob auch der Antragstellerin konkret vorgeworfen werden kann, die Aufgaben bereits im Voraus gekannt zu haben. Unerheblich ist ferner, ob und in welchem Umfang Schülerinnen und Schüler die ihnen im Vorhinein bekannt gewordene Aufgabenstellung als zuverlässige Information angesehen haben."[233]

7.5.5 Abhandenkommen von Prüfungsarbeiten

PRAXIS BEISPIEL

Schüler A. ist mit den Ergebnissen seiner Abiturprüfung nicht einverstanden und entschließt sich fristgerecht dazu, Einsicht in die Prüfungsunterlagen zu beantragen. Diese wird ihm im Dienstzimmer des Oberstufenleiters gewährt, ohne dass dabei eine andere Person anwesend ist. A. teilt anschließend mit, dass eine Leistungskursklausur fehle. Auf Nachfrage erklärt die Schule, dass die Klausur trotz intensiver Suche unauffindbar sei. A. beantragt daraufhin eine Wiederholungsprüfung, da ja nun eine gerichtliche Überprüfung der Klausurbewertung nicht mehr möglich wäre. Die Schule lehnt dieses ab, da der Verlust der Klausur erst nach der Mitteilung des Gesamtergebnisses der Abiturprüfung und damit nach Abschluss des Prüfungsverfahrens verloren gegangen sein könne und der Verlust angesichts dieses späten Zeitpunkts unerheblich sei. Auch könne nicht ausgeschlossen werden, dass der Schüler selbst die Klausur aus den gesammelten Prüfungsunterlagen entfernt habe (nach *VGH Baden-Württemberg*, Urt. v. 1.4.1987 – 9 S 1829/86 = NVwZ 1987, S. 1010).

In Einzelfällen kann es vorkommen, dass Prüfungsunterlagen wie beispielsweise Klausuren verloren gehen. Sofern das Abhandenkommen noch vor der eigentlichen Bewertung erfolgt, hat der Prüfling ohne weiteres einen Anspruch auf eine Wiederholungsmöglichkeit. Wie ist es aber, wenn die Unterlagen bereits nach der Notenbekanntgabe und damit eben auch nach der Beendigung des Prüfungsverfahrens verloren gehen?

Obwohl in diesen Fällen eine Bewertung der Schülerleistung möglich war, wird dem Prüfling auch in diesen Fällen eine Wiederholungschance eingeräumt: „Der Kandidat hat (...) das Recht, sich durch Akteneinsicht davon zu überzeugen, ob bei der Bewertung seiner Prüfungsarbeiten den rechtlichen Anforderungen genügt wurde, d. h. den Geboten der Prüfungsordnung und des allgemeinen Prüfungsrechts, etwa des bundesrechtlichen Gebots der Sachlichkeit der Bewertung (...) entsprochen wurde. Dem entspricht die materielle Verpflichtung der Prüfungsbehörde zur sorgfältigen und gewissenhaften Aufbewahrung aller für den Prüfungsbescheid und dessen Überprüfung maßgeblichen Unterlagen. Schließlich folgt dies auch aus verfassungsrechtlichen Gründen. Denn betroffen ist hier auch das aus Art. 19 Abs. 4 GG in ständiger verfassungsgerichtlicher Praxis abgeleitete

Gebot effektiven Rechtsschutzes (...), das im Gewährleistungsbereich der Grundrechte (hier des Art. 12 Abs. 1 GG) von besonderer Bedeutung ist (...). Art. 19 Abs. 4 GG garantiert nicht nur das formelle Recht und die Möglichkeit, die Gerichte anzurufen, vielmehr hat der Bürger auch einen substantiellen Anspruch auf eine tatsächlich wirksame gerichtliche Kontrolle (...). Dieses durch die Gewährleistung des Art. 12 Abs. 1 GG besonders bedeutungsvolle Gebot wird durch die Unvollständigkeit der Prüfungsunterlagen verletzt, welche unersetzliche Unikate sind, die als Augenscheinobjekte unverzichtbare Grundlage für die gerichtliche Nachprüfung des Prüfungsbescheids sind, soweit dieser (...) auf diesen Unterlagen beruht. Das Fehlen dieser Unterlagen verwehrt dem Gericht die Nachprüfung und verhindert damit eine tatsächlich wirksame gerichtliche Kontrolle."

Sofern die Schule in dem **Praxisbeispiel** also nicht zweifelsfrei nachweisen kann, dass sich die Klausur zu Beginn der Akteneinsicht noch bei den gesammelten Prüfungsunterlagen befunden hat und deshalb von dem Prüfling selbst entfernt worden sein muss, geht die Unauffindbarkeit zu ihren Lasten, sodass Schüler A. ein Anspruch auf Wiederholung der Prüfung zusteht.

Als Ratschlag kann den Schulen damit abschließend auf den Weg gegeben werden, dass bei der **Einsicht in Prüfungsunterlagen** stets ein Bediensteter anwesend sein sollte.

Fußnoten

1 HUMBOLDT (1920), S. 268.
2 Zur historischen Entwicklung des Leistungsprinzips in der Schule vgl. FURCK (1975).
3 SACHER (2014), S. 15.
4 Wichtige Beispiele sind die *Einführung von Studienstipendien* nach definierten Leistungskriterien durch die preußische „Instruktion" vom 23.12.1788 oder die *Preußische Heeresreform (1806-1814)*, welche bei Vorliegen bestimmter Leistungen auch Bürgerlichen die Offizierslaufbahn und den Zugang zu höheren Beamtenpositionen ermöglichte. Das erfolgreiche Ablegen einer *Abiturprüfung als Zugangsvoraussetzung für das Universitätsstudium* wurde 1834 in Preußen eingeführt.
5 Auf die Problematik, dass die Zugangsvoraussetzungen zu den Berufen und den Ämtern durch das Bürgertum und die Oberschicht in erster Linie selbst definiert wurden und es dadurch gezielt den sozialen Aufstieg des Proletariats steuern konnte, soll hier nicht weiter eingegangen werden.
6 FURCK (1975), S. 37 ff., S. 56 ff.
7 KLAFKI (1996), S. 224. Zur mangelnden Übertragbarkeit des Leistungsprinzips in die Schule vgl. auch SACHER (2014), S. 17 ff.
8 MAAZ (2020), S. 27 ff.
9 KLAFKI (1996), S. 228.
10 MERTENS (1974), S. 36.
11 Zur Rezeption vgl. GONON (1996).
12 Vgl. beispielhaft BOHL (2004), S. 21.
13 Der Begriff wurde durch FEIKS & KRAUSS (1992) sowie insbesondere durch KLIPPERT (1994) eingeführt und danach vielfach aufgegriffen.
14 KMK (2005), S. 16. Instruktiv zum Konzept der Kompetenzen HARTIG (2008) sowie KLIEME, MAAG-MERKI & HARTIG (2007).
15 WEINERT (2001), S. 27.
16 BOHL (2009), S. 20 ff.
17 KMK (2003), S. 3.
18 LÖWISCH (2000), S. 81.
19 WINTER (2011), S. 145.
20 KMK (2003), S. 3 f.

21 KLAUER (1982), S. 5.
22 OPHUYSEN, VAN & LINTORF (2013), S. 60.
23 KMK (2015a).
24 OPHUYSEN, VAN & LINTORF (2013), S. 58.
25 OPHUYSEN, VAN & LINTORF (2013), S. 57.
26 § 15 Abs. 2 S. 2 Verordnung über die Gymnasiale Oberstufe (GyO-VO).
27 Vgl. dazu MAAZ (2020), S. 30 ff.
28 HELMKE (2017), S. 39 mit Verweis auf ähnlich geäußerte Kritik durch REUSSER und WEINERT.
29 Vgl. dazu auch das sehr lesenswerte Themenheft „Können ohne Wissen" von JUNGKAMP & JOHN-OHNESORG (2018).
30 BÖTTCHER (2018), S. 34.
31 BÖTTCHER (2020), S. 53.
32 INGENKAMP & LISSMANN (2008).
33 Zu den verschiedenen Urteilsfehlern vgl. beispielsweise *Sacher* (2014), S. 47.
34 MAAZ, BAERISWYL & TRAUTWEIN (2011), S. 72 ff.
35 ZABOROWSKI, MEIER & BREIDENSTEIN (2011), S. 354 ff.
36 BOHL (2009); SACHER (2014); WINTER (2018) und (2011).
37 HATTIE, BEYWL & ZIERER (2013).
38 Für einen ersten Einstieg vgl. ZIEGENSPECK (1999) und WINTER (2011), S. 37 ff.
39 INGENKAMP (1987), S. 60.
40 So WINTER (2011), S. 51.
41 Einen gelungenen Überblick dazu gibt SACHER (2011).
42 NIEHUES, FISCHER & JEREMIAS (2018), S. 184 (Rdnr. 385).
43 *BVerwG*, Urt. v. 17.7.1987 – 7 C 118.86 = BVerwGE 78, S. 55 = juris (Rdnr. 17).
44 SACHER (2014), S. 53 ff.
45 *BVerwG*, Urt. v. 9.8.1996 – 6 C 3.95 = NVwZ-RR 98, S. 176 = juris (Rdnr. 40).
46 *BVerwG* a. a. O.
47 *BVerwG* a. a. O = juris (Rdnr. 43).
48 *BVerwG* a. a. O = juris (Rdnr. 45).
49 So z. B. *VG Berlin*, Beschl. v. 20.6.2008 – 3 A 226.08 = juris für den Fall, dass Schüler an mindestens 69 Berliner Schulen Kenntnisse von einer zentralen Abschlussprüfung im Fach Mathematik hatten.

50 *BVerwG*, Beschl. v. 23.3.1994 – 6 B 72/93 = NVwZ-RR 1994, S. 585 = juris.

51 Hofmeyer (1988), S. 116; Niehues, Fischer & Jeremias (2018), S. 184 (Rdnr. 385).

52 *VG Karlsruhe*, Urt. v. 3.5.2006 – 7 K 1243/05 = BeckRS 2006, 27553. A. A.: *VG Berlin*, Urt. v. 2.7.2007 – 12 A 1373/04 = n.v.; *VG Frankfurt a. M.*, Urt. v. 22.10.2008 – 12 K 1339/08 = n.v.

53 *BVerwG*, Urt. v. 11.8.1993 – 6 C 2/93 = BVerwGE 94, S. 64 (S. 70f.); *BVerwG* DVBl. 1994, S. 1364 (S. 1365).

54 *BVerwG*, Urt. v. 6.9.1995 – 6 C 16/93 = BVerwGE 99, S. 172 = juris mit weiteren Nachweisen; Avenarius & Hanschmann (2019), S. 440.

55 *BVerwG*, Urt. v. 11.8.1993 – 6 C 2/93 = BVerwGE 94, S. 64 (S. 70 f.).

56 *BVerwG*, Urt. v. 17.1.1969 – VII C 77.67 = BVerwGE 31, S. 190.

57 Vgl. dazu Marwege (2009) und Langenfeld (2009), die sich speziell mit der Legasthenie auseinandersetzt.

58 Zimmerling & Brehm (2007), S. 542.

59 *HambOVG*, Beschl. v. 18.11.2011 – 1 Bs 208/11 = juris.

60 *OVG Nordrhein-Westfalen* SPE 3. F. 400, Nr. 1.

61 Anderer Ansicht aber *VGH Baden-Württemberg*, Urt. v. 15.3.1977 – IV 101/77 = NJW 1977, S. 1842.

62 So auch *VG Koblenz*, Urt. v. 15.10.2020 – 4 K 116/20.KO = juris (Rdnr. 36).

63 *BVerwG*, Urt. v. 27.2.2019 – 6 C 3/18 = BVerwGE 164, S. 379 = juris.

64 *BVerwG*, Urt. v. 20.9.1984 – 7 C 57/83 = BVerwGE 70, S. 143 (Rdnr. 19).

65 *BVerwG*, Urt. v. 11.11.1998 – 6 C 8/97 = BVerwGE 107, S. 363 = Buchholz 421.0 Prüfungswesen Nr. 392; *FG Bremen*, Urt. v. 22.11.1994 – 2 93 086 K 2 = juris.

66 *BVerwG*, Urt. v. 28.4.1978 – VII C 50.75 = NJW 1978, S. 2408; *OVG Nordrhein-Westfalen*, Urt. v. 27.2.1997 – 22 A 7462/95 = NVwZ-RR 1997, S. 714; Avenarius & Hanschmann (2019), S. 444f; Niehues, Fischer & Jeremias (2018), S. 156 ff. (Rdnr. 328 ff.).

67 *BVerwG*, Urt. v. 28.4.1978 – VII C 50.75 = BVerwGE 55, S. 355 = juris (Rdnr. 18).

68 *FG Niedersachen*, Urt. v. 15.12.2011 – 6 K 59/11 = juris (Rdnr. 75).

69 *VG Augsburg*, Urt. v. 17.12.2013 – Au 3 K 13.1248 = juris (Rdnr. 30) mit Verweis auf *BayVGH*, Beschl. v 21.12.2009 – 7 ZB 09.1963 = BayVBl 2010, 375 = juris.

70 *BVerwG*, Urt. v. 29.7.2015 – 6 C 35/14 = BVerwGE 152, S. 330 = juris (Rdnr. 15 f.).

71 So auch Rux (2018), S. 145 (Rdnr. 524).

72 Zum Teil wird zur Legitimation auch direkt auf die Zustimmung Deutschlands zur Behindertenrechtskonvention der Vereinten Nationen (BRK) abgestellt, vgl. Rux (2018), S. 145 (Rdnr. 524).

73 Rux (2018), S. 145 (Rdnr. 524).

74 *VG Schleswig-Holstein*, Beschl. v. 5.1.2017 – 9 B 45/16 = juris (Rdnr. 15).

75 *VG Schleswig-Holstein*, a. a. O. = juris (Rdnr. 16).

76 *BVerwG*, Beschl. v. 5.3.2018 – 6 B 71.17 = NJW 2018, S. 2142 = juris (Rdnr. 8).

77 *BVerfG*, Beschl. v. 17.4.1991 – 1 BvR 1529/84 und 1 BvR 138/87 = BVerfGE 84, S. 34 (S. 59). Grundlegend *BVerwG*, Urt. v. 24.4.1959 – VII C 104.58 = BVerwGE 8, S. 272.

78 *BVerfG*, a. a. O. = *BVerfGE* 84, S. 34 (S. 53).

79 *BVerwG*, a. a. O. = *BVerwGE* 8, S. 272; *BVerfGE* 84, S. 34; *BVerfGE* 84, S. 59.

80 *BVerwG*, Urt. v. 9.8.1996 – 6 C 3/95 = DVBl. 1996, S. 1381 (S. 1382).

81 *HessVGH*, Beschl. v. 5.2.1993 – 7 TG 2479/92 = NVwZ-RR 1993, S. 386; *VGH Baden-Württemberg*, Beschl. v. 28.9.1992 – 9 S 2187/92 = NVwZ-RR 1993, S. 358; *Nds.OVG*, Beschl. v. 23.11.1999 – 13 M 3944/99 und 13 M 4473/99 = NVwZ-RR 2001, S. 241.

82 Avenarius & Hanschmann (2019), S. 434. So ausdrücklich auch das *OVG Nordrhein-Westfalen*, Beschl. v. 15.1.2021 – 19 E 815/20 = juris (Rdnr. 9).

83 Niehues, Fischer & Jeremias (2018), S. 244 (Rdnr. 527).

84 Vgl. *BVerwG*, Urt. v. 20.9.1984 – 7 C 57/83 = BVerwGE 70, S. 143 (S. 151 f.); *VGH Baden-Württemberg*, Urt. v. 24.4.1990 – 9 S 3227/89 = juris.

85 *BVerwG*, Urt. v. 20.9.1984 – 7 C 57/83 = BVerwGE 70, S. 143.

86 *VGH Baden-Württemberg*, Urt. v. 10.11.2010 – 9 S 591/10 = VBlBW 2011, S. 189.

87 *VG München*, Urt. v. 28.4.2009 – M 4 K 08.4763 = juris.

88 *BVerfG*, Beschl. v. 16.1.1995 – 1 BvR 1505/94 = juris (Rdnr. 20).

89 *OVG Bremen*, Urt. v. 24.11.1999 – 1 A 254/99 = NVwZ 2000, S. 944.

90 *OVG Nordrhein-Westfalen*, Beschl. v. 23.5.1997 – 22 A 2105/94 = dejure.org.

91 *BVerwG*, Beschl. v. 5.3.2018 – 6 B 71.17 = NJW 2018, S. 2142 = juris (Rdnr. 9).

92 *BVerwG*, Beschl. v. 21.9.2016 – 6 B 14/16 = juris (Rdnr. 23).

93 In diese Richtung auch *VGH München*, Beschl. v. 15.2.2017 – 7 CE 16.2080 = BayVBl 2018, S. 202 und *OVG Saarlouis* SchuR 1999, S. 7.

94 Vgl. dazu aus der jüngeren Rechtsprechung *BVerwG*, Beschl. v. 5.3.2018 – 6 B 71.17 = NJW 2018, S. 2142 sowie *OVG Nordrhein-Westfalen*, Beschl. v. 10.4.2018 – 19 B 477/18 = juris (Notengebung in einer Klausur der Oberstufe).

95 *BVerwG*, Urt. v. 29.7.2015 – 6 C 35.14 = NVwZ 2016, S. 541.

96 Vgl. statt vieler Ingenkamp & Lissmann (2008), S. 51 ff.

97 *OVG Bremen*, Beschl. v. 16.7.2012 – 2 A 92/10 = juris.

98 *OVG Saarlouis*, Beschl. v. 23.12.1993 – 8 W 82/93 = n.v.

99 In diese Richtung geht wohl auch das *Hamburgische Oberverwaltungsgericht* (Beschl. v. 18.11.2011 – 1 Bs 208/11 = juris), das einem Schüler die Teilnahme an einem Nachschreibtermin gewährte.

100 So auch Avenarius & Hanschmann (2019), S. 421 (Fn. 18) mit Verweis auf *OVG Sachsen-Anhalt*, Beschl. v. 11.3.2015 – 3 M 9/15 = juris (Rdnr. 20) und *VG Berlin*, Beschl. v. 4.5.2010 – 3 L 145.10 = juris (Rdnr. 14).

101 *OVG Nordrhein-Westfalen*, Urt. v. 17.4.1967 – V A 976/65 = NJW 1967, S. 1772.

102 Anders auch Hoegg (2019), S. 60.

103 *OVG Niedersachsen*, Beschl. v. 20.3.2008 – 2 ME 83/08 = juris (Rdnr. 26).

104 *VGH München*, Beschl. v. 15.02.2017 – 7 CE 16.2080 = BayVBl 2018, S. 202 = juris (Rdnr. 9).

105 *BVerwG*, Beschl. v. 3.7.1978 – 7 B 113/78 = juris.

106 *OVG Nordrhein-Westfalen*, Beschl. v. 22.4.2002 – 19 B 575/02 = juris (Rdnr. 20 ff.).

107 *VG Karlsruhe*, Urt. v. 16.3.2021 – 11 K 223/20 =, juris.

108 Ziff. 2 RdErl. *Hausaufgaben an allgemein bildenden Schulen* in der Fassung vom 12.9.2019.

109 *OVG Niedersachsen*, Beschl. v. 15.10.2009 – 2 ME 307/09 = NVwZ-RR 2010, S. 63.

110 Niedersächsisches Kultusministerium (2019): Hausaufgaben an allgemein bildenden Schulen, RdErl. v. 12.9.2019 – 36-82 100 (VORIS 22410).

111 *OVG Bremen*, Beschl. v. 16.7.2012 – 2 A 92/10 = juris; *OVG Niedersachsen*, Urt. v. 17.7.1996 – 13 L 848/96 = juris; *VG München*, Urt. v. 4.7.2000 – M 5 K 98.5078 = juris.
112 *VG München*, a. a. O. = juris (Rdnr. 15).
113 Grundlegend *BVerwG*, Urt. v. 22.3.1963 – VII C 141.61 = Buchholz 421.0 Prüfungswesen Nr. 17 = juris (Rdnr. 18).
114 *BVerfG*, Beschl. v. 16.1.1995 – 1 BvR 1505/94 = juris (Rdnr. 17).
115 *OVG Niedersachsen*, Urt. v. 9.9.2015 – 2 LB 169/14 = juris.
116 *BVerwG*, Beschl. v. 9.10.2012 – 6 B 39.12 = NVwZ-RR 2013, S. 44.
117 *OVG Nordrhein-Westfalen*, Beschl. v. 6.11.2007 – 19 E 788/07 = juris. Ähnlich auch *VG Magdeburg*, Urt. v. 28.11.2018 – 7 A 830/16 = juris.
118 *BVerwG*, Beschl. v. 24.10.2018 – 6 B 151/18 und 6 PKH 5/18 = NVwZ 2019, S. 422 = juris (Rdnr. 12); *OVG Nordrhein-Westfalen*, Beschl. v. 15.1.2021 – 19 E 815/20 = juris.
119 *BVerwG*, Urt. v. 10.4.2019 – 6 C 19/18 = BVerwGE 165, S. 202 = juris (Rdnr. 14 ff.).
120 *BVerwG*, a. a. O. = juris (Rdnr. 23).
121 *BVerwG*, Beschl. v. 21.9.2016 – 6 B 14/16 = juris (Rdnr. 14).
122 *BVerwG*, Urt. v. 9.12.1992 – 6 C 3/92 = BVerwGE 91, 262 (268).
123 *BVerwG*, Urt. v. 10.4.2019 – 6 C 19/18 = BVerwGE 165, S. 202 = juris (Rdnr. 24).
124 *BVerwG*, Urt. v. 31.3.1994 – 6 B 65.93 = NVwZ 1995, 494 (494) mit Verweis auf *BVerwG*, Urt. v. 1.10.1997 – 7 C 5.71 = BVerwGE 38, S. 322.
125 *BVerwG*, a. a. O., NVwZ 1995, 494 (495).
126 Vgl. hierzu auch *Rademacher* (2016a).
127 *VG Ansbach*, Urt. v. 16.7.2013 – AN 2 K 12.01715 = juris.
128 *VG Regensburg*, Urt. v. 14.3. 2013 – RO 5 K 12.889 = juris.
129 Vgl. hierzu *Rademacher* (2016b).
130 *BVerwG*, Urt. v. 9.12.1992 – 6 C 3/92 = BVerwGE 91, S. 262 (S. 268).
131 So ausdrücklich z. B. *BFH*, Beschl. v. 28.9.1998 – VII B 65/98 = BFH/NV 1999, 374 (375).
132 *VG Braunschweig*, Beschl. v. 7.10.2020 – 6 B 160/20 = juris (Rdnr. 11).
133 *OVG Niedersachsen*, Beschl. v. 22.12.2003 – 2 NB 394/03 = juris (Rdnr. 4).
134 Z.B. *VG Braunschweig*, a. a. O.
135 RIEBLE (2010).
136 Vgl. *VG München*, Urt. v. 22.4.2008 – M 3 E 08.1703 = juris.
137 Vgl. *VG Köln*, Urt. v. 15.12.2005 – 6 K 6285/04 = WissR 2006, S. 176.

138 Sattler (2007).

139 Niehues, Fischer & Jeremias (2018), S. 100.

140 Vgl. zum Folgenden Niehues, Fischer & Jeremias (2018) S. 101 ff.

141 *BayVGH*, Beschl. v. 11.3.2008 – 7 ZB 07.612 = juris; VG Mainz, Urt. v. 11.12.2002 – 7 K 502/02 = NJW 2003, S. 1545.

142 *VGH München*, Urt. v. 19.8.2004 – 7 CE 04.2058 = NVWZ-RR 2005, S. 254.

143 *VG Berlin*, Urt. v. 15.4.2009 – 12 A 319.08 = juris.

144 *OVG Bremen,* Beschl. v. 12.10.2010 – 2 A 170/10 = NVwZ-RR 2011, S. 67.

145 *Hess.VGH*, Beschl. v. 20.6.1989 – 6 UE 2779/88 = DVBl. 1989, S. 1277.

146 *OVG Bremen,* Beschl. v. 12.10.2010 – 2 A 170/10 = NVwZ-RR 2011, S. 67.

147 *VGH Baden-Württemberg* SPE n. F. 846, Nr. 10; *ders.* NVwZ 1987, S. 1014 (S. 1014); Niehues, Fischer & Jeremias (2018), S. 108f. (Rdnr. 234).

148 St. Rspr., vgl. nur *BVerwG*, Beschl. v. 23.1.2018 – 6 B 67/17 = NJW 2018, S. 1896 = juris; *VG Regensburg*, Beschl. v. 13.9.2000 – RN 1 E 00.1752 = sid.

149 Niehues, Fischer & Jeremias (2018), S. 109 (Rdnr. 237).

150 *BVerwG*, Beschl. v. 23.1.2018 – 6 B 67/17 = NJW 2018, S. 1896 = juris (Rdnr. 6f.).

151 Niehues, Fischer & Jeremias (2018), S. 114 (Rdnr. 246).

152 *BVerwG*, a. a. O. = juris (Rdnr. 7).

153 *VGH Baden-Württemberg*, Beschl. v. 11.7.1995 – 9 S 551/95 = VBlBW 1995, S. 313.

154 So aber *VGH Baden-Württemberg*, Urt. v. 21.11.1978 – IX 1112/78 = SPE III E II, S. 25.

155 Hoegg (1994), S. 76f.

156 So aber *VG Darmstadt* SchuR 1998, S. 75 (Formelsammlung in Mathematikklausur).

157 *OVG Nordrhein-Westfalen*, Beschl. v. 12.7.1983 – 15 B 1097/83 = NJW 1983, S. 2278 (S. 2278); *VGH Bayern*, Beschl. v. 19. 8.2004 – 7 CE 04.2058 = sid.

158 So *Rieble* für eine Täuschung im Promotionsverfahren, bei der das *VG Bremen* dem Kandidaten die Möglichkeit der Nachbearbeitung gegeben hatte ([2010], S. 13).

159 Hierzu ausführlich auch Rademacher (2019), S. 94 ff.

160 *BGH*, Urt. v. 30.6.1994 – I ZR 32/92 – *Museumskatalog* = GRUR 1994, S. 800 (S. 803).
161 Wandtke & Bullinger (2014), S. 811 f. (Rdnr. 14).
162 Wandtke & Bullinger (2014), S. 812 (Rdnr. 15).
163 *BGH*, Urt. v. 20.12.2007 – I ZR 42/05 – *TV-Total* = ZUM 2003, S. 77 (S. 78).
164 *LG München I*, Urt. v. 25.4.2002 – 7 O 16110/01 = ZUM-RD 2002, S. 489.
165 *OLG Hamburg*, Urt. v. 5.6. 1969 – 3 U 21/69 – *Heintje* = GRUR 1970, S. 38 (S. 39).
166 *LG Stuttgart*, UFITA 23 (1957), S. 244 (S. 245).
167 § 62 Abs. 3 UrhG.
168 § 62 Abs. 1 S. 2 i. V. m. § 39 Abs. 2 UrhG.
169 *BGH*, Urt. v. 26.11.1954 – I ZR 266/52 – *Cosima Wagner* = BGHZ 15, S. 249 (S. 257).
170 Wandtke & Bullinger (2014), S. 667 (Rdnr. 23).
171 *VGH Baden-Württemberg*, Beschl. v. 10.10.1991 – 9 S 2336/91 = juris.
172 *VG Braunschweig*, Beschl. v. 19.8.2003 – 6 B 315/03 = NVwZ-RR 2004, S. 108 (S. 111).
173 *VGH Baden-Württemberg*, Beschl. v. 9.9.2010 – 9 S 2122/10 = NVwZ-RR 2010, S. 976.
174 *HessVGH* SPE 3. F. 400 Nr. 9.
175 So z. B. *VGH Baden-Württemberg*, Beschl. v. 10.10.1991 – 9 S 2336/91 = juris (Rdnr. 9).
176 *VG Frankfurt*, Beschl. v. 13.5.2003 – 5 G 2024/03 = juris.
177 Niehues, Jeremias & Fischer (2018), S. 299 (Rdnr. 674).
178 *BVerfG*, Urt. v. 15.12.1983 – 1 BvR 209/83 u. a. – *Volkszählurteil* = BVerfGE 61, S. 1 (S. 43).
179 *OVG Niedersachsen*, Beschl. v. 15.11.1999 – 13 M 3932/99 = juris (Rdnr. 3).
180 Vgl. *VGH Baden-Württemberg*, Beschl. v. 28.9.1992 – 9 S 2187/92 = juris für eine unzulässige Versetzungsentscheidung durch die zuständige Schulaufsicht.
181 *HessVGH* SPE 3. F. 400 Nr. 9.
182 *HessVGH*, Beschl. v. 5.2.1993 – 7 TG 2479/92 = NVwZ-RR 1993, S. 386; *VG Darmstadt*, Beschl. v. 11.9.1998 – 7 G 1591/98 (3) = NVwZ-RR 1999, S. 380 (S. 381).
183 *VG Darmstadt*, a. a. O. = NVwZ-RR 1999, S. 380 (S. 382).

184 *BVerfG*, Kammerbeschl. v. 16.1.1995 – 1 BvR 1505/94 = NVwZ 1995, S. 469 (S. 470).
185 Niehues, Fischer & Jeremias (2018), S. 94 (Rdnr. 212).
186 *HessVGH*, Beschl. v. 24.10.2007 – 7 TG 2131/07 = juris (Rdnr. 4).
187 *VGH Baden-Württemberg* SPE 3. F. 470, Nr. 62; Niehues, Fischer & Jeremias (2018), S. 299 (Rdnr. 674).
188 Vgl. hierzu die Zusammenstellung der *KMK* (2015b).
189 Die Begriffe „Bildungsgang" und „Schulart" sind nicht identisch: Ein Bildungsgang zielt auf das Erreichen einer bestimmten Qualifikation (bzw. eines Abschlusses) ab, die Schulart bezeichnet die jeweilige Organisationsform der Schule. In einem Gymnasium beispielsweise fallen Bildungsgang und Schulart zusammen, in einer Gesamtschule mit ihren integrierenden Bildungsgängen hingegen nicht.
190 Hierzu ausführlich Barczak (2011).
191 *BVerfG*, Urt. v. 6.12.1972 – 1 BvR 230/70 – *Förderstufe* = BVerfGE 34, S. 165 = juris (Rdnr. 84).
192 So auch Avenarius & Hanschmann (2019), S. 376 mit weiteren Hinweisen auf Rechtsprechung und Literatur.
193 Maaz (2020), S. 37 m. w. N.
194 Fischer & Dieterich (2020), S. 663.
195 *BVerfG*, Urt. v. 9.2.1982 – 1 BvR 845/79 – *Schülerberater* = BVerfGE 59, S. 360 (S. 381).
196 *OVG Nordrhein-Westfalen*, Beschl. v. 22.4.2002 – 19 B 575/02 = juris (Rdnr. 20 ff.).
197 *BVerwG*, Beschl. v. 3.7.1978 – 7 B 113/78 = juris.
198 *OVG Niedersachsen*, Beschl. v. 4.11.2019 – 2 ME 682/19 = juris.
199 *HessVGH*, Beschl. v. 24.10.2007 – 7 TG 2131/07 = juris (Rdnr. 4).
200 Nach der Legaldefinition des § 35 S. 1 VwVfG ist ein Verwaltungsakt „jede Verfügung, Entscheidung oder andere hoheitliche Maßnahme, die eine Behörde zur Regelung eines Einzelfalls auf dem Gebiet des öffentlichen Rechts trifft und die auf unmittelbare Rechtswirkung nach außen gerichtet ist."
201 *BVerwG*, Urt. v. 24.2.1993 – 6 C 35/92 = BVerwGE 92, S. 132 (S. 138).
202 *BVerwG*, a. a. O. = *BVerwGE* 92, S. 132 (S. 138f.).
203 *VG Würzburg*, Urt. v. 4.12.2019 – W 2 K 18.1062 = juris (Rdnr. 31).
204 *VG Minden*, Urt. v. 5.3.2003 – 2 K 2258/01 = juris (Rdnr. 21).
205 *BVerwG*, Urt. v. 24.2.1993 – 6 C 35/92 = *BVerwGE* 92, S. 132 (S. 138).
206 Für berufsöffnende Prüfungen: *BVerwG*, Urt. v. 9.12.1992 – 6 C 3/92 = BVerwGE 91, S. 262 (S. 273f.); *BVerwG*, Urt. v. 24.2.1993 – 6 C 35/92

= BVerwGE 92, S. 132 (S. 137f.); Eyermann (2019), § 68, S. 451 (Rdnr. 10).

207 *OVG Nordrhein-Westfalen*, Urt. v. 17.9.1993 – 22 A 1931/91 = DÖV 1994, S. 392.

208 Vgl. *BVerwG*, Beschl. v. 18.12.1997 – 6 B 69/97 = juris.

209 *BVerwG*, Urt. v. 10.4.2019 – 6 C 19/18 = BVerwGE 165, S. 202 = juris (Rdnr. 22).

210 *BVerwG*, a. a. O. = juris (Rdnr. 26).

211 So auch Rux (2018), S. 21 (Rdnr. 79).

212 *VG Schleswig*, Beschl. v. 5.1.2017 – 9 B 45/16 = juris.

213 Zum vorläufigen Rechtsschutz bei schulischen Streitigkeiten vgl. auch Finkelnburg, Dobert & Külpmann (2011), S. 476 ff.

214 *OVG Niedersachsen*, Beschl. v. 15.11.2006 – 13 ME 355/06 = juris; Kuhla (2002), S. 850 (Fn. 1208) m.w.N.

215 Finkelnburg, Dombert & Külpmann (2011), S. 484 (Rdnr. 1416); Niehues, Fischer & Jeremias (2018), S. 426 (Rdnr. 902).

216 Eyermann (2019), § 123, S. 1011 (Rdnr. 66a).

217 Für Einzelheiten vgl. Eyermann (2019), § 80, S. 542 (Rdnr. 74) sowie § 123, S. 1004 (Rdnr. 43).

218 Niehues, Fischer & Jeremias (2018), S. 96 (Rdnr. 214) mit weiteren Nachweisen.

219 *VG Würzburg*, Urt. v. 4.12.2019 – W 2 K 18.1062 = juris (Rdnr. 27).

220 Das Beispiel wurde zitiert nach Niehues, Fischer & Jeremias (2018), S. 227 (Rdnr. 489).

221 Niehues, Fischer & Jeremias (2018), S. 227 f. (Rdnr. 489 f.).

222 *VG Sigmaringen*, Beschl. v. 2.5.2005 – 4 K 704/05 = juris.

223 *BVerwG* Buchholz 421.0 Nr. 127.

224 *BVerwG*, Urt. v. 19.12.2001 – 6 C 14/01= NVwZ 2002, S. 1375.

225 *VG Sigmaringen*, Beschl. v. 2.5.2005 – 4 K 704/05 = juris.

226 *BVerwG*, Beschl. v. 16.4.1980 – 7 B 58.80 = DÖV 1981, S. 62.

227 Niehues, Fischer & Jeremias (2018), S. 233 (Rdnr. 502).

228 *BVerwG*, Urt. v. 11.4.1996 – 6 B 13/96 = NVwZ 1997, S. 502.

229 *VG Arnsberg*, Urt. v. 23.2.2011 – 10 K 610/10 = juris (Rdnr. 24 ff.).

230 *BFH*, Urt. v. 28.11.2002 – VII R 27/02 = NJW-RR 2003, S. 421.

231 *BVerwG*, Urt. v. 10.10.2002 – BVerwG NJW 2003, S. 1063 = NJW 2003, S. 1063.

232 *VGH Schleswig-Holstein*, Urt. v. 3.5.2011 – 9 A 68/10 = juris.

233 *VG Berlin*, Beschl. v. 19.6.2008 – 3 A 220.08 = juris (Rdnr. 8 f.).

Literatur

AVENARIUS, HERMANN / HANSCHMANN, FELIX (2019): Schulrecht. Ein Handbuch für Praxis, Rechtsprechung und Wissenschaft, 9. Auflage, Neuwied (= Reihe Handbuch Schulrecht)

BARCZAK, TRISTAN (2011): Der Übergang von der Grundschule in die Sekundarstufe I als Grundrechtsproblem. Eine rechtliche Untersuchung unter Berücksichtigung sozialer Herkunftseffekte, Baden-Baden (= Münsterische Beiträge zur Rechtswissenschaft, n.F. Band 12; zugl. Univ. Diss., Münster/Westf. 2011)

BÖTTCHER, WOLFGANG (2020): Chancengleichheit in der Sackgasse, in: Fischer, Christian u. a., Begabungsförderung, Leistungsentwicklung, Bildungsgerechtigkeit – für alle! Beiträge aus der Begabungsforschung, Münster und New York (= Reihe Begabungsförderung. Individuelle Förderung und Inklusive Bildung, Band 9), S. 43-58

BÖTTCHER, WOLFGANG (2018): Standards, die keine sind, oder: Vom Unterschreiten eines Plans, in: Jungkamp, Burkhard / John-Ohnesorg, Marei (Hrsg.), Können ohne Wissen? Bildungsstandards und Kompetenzorientierung in der Praxis, Bonn (= Schriftenreihe des Netzwerk Bildung), S. 28-37

BOHL, THORSTEN (2009): Prüfen und Bewerten im Offenen Unterricht, 4. Auflage, Weinheim

EYERMANN, ERICH (2019): Verwaltungsgerichtsordnung. Kommentar, 15. Auflage, München

FEIKS, DIETGER / KRAUSS, ELLA (1992): Schulleistung – Neubestimmung eines Begriffs, in: Lehren und Lernen [18], Heft 11, S. 1-24

FINKELNBURG, KLAUS / DOMBERT, MATTHIAS / KÜLPMANN, CHRISTOPH (2011): Vorläufiger Rechtsschutz im Verwaltungsstreitverfahren, 6. Auflage, München (= Schriftenreihe der Neuen Juristischen Wochenschrift, Band 12)

FISCHER, EDGAR / DIETERICH, PETER (2020): Prüfungsrecht in Zeiten der Coronavirus-Pandemie, in: NVwZ, H. 10, S. 657-665

FURCK, CARL-LUDWIG (1975): Das pädagogische Problem der Leistung in der Schule, 5. Auflage, Weinheim

GONON, PHILIPP *(Hrsg.)* (1996): Schlüsselqualifikationen kontrovers. Eine Bilanz aus kontroverser Sicht. Aarau

HARTIG, JOHANNES (2008): Kompetenzen als Ergebnisse von Bildungsprozessen, in: Jude, Nina / Hartig, Johannes / Klieme, Eckhard (Hrsg.), Kompetenzerfassung in pädagogischen Handlungsfeldern. Theorien, Konzepte und Methoden. Berlin u. a., S. 15-25

Hattie, John / Beywl, Wolfgang / Zierer, Klaus (2013): Lernen sichtbar machen, Hohengehren

Helmke, Andreas (2017): Unterrichtsqualität und Lehrerprofessionalität. Diagnose, Evaluation und Verbesserung des Unterrichts, 7. Auflage, Seelze-Velber (= Reihe Unterricht verbessern – Schule entwickeln)

Hoegg, Günther (2019): Die 100 häufigsten Fragen zum Schulrecht. Was Lehrkräfte wissen sollten, Weinheim & Basel

Hoegg, Günther (1994): Die schulische Täuschung und ihre unzureichende Ahndung, in: Recht der Jugend und des Bildungswesens (42), H. 1, S. 72-91

Humboldt, Wilhelm von (1920): Gesammelte Schriften. Band XIII, Berlin

Ingenkamp, Karlheinz (1987): Zeugnisse und Zeugnisreformen in der Grundschule, in: Olechowski, Richard / Persy, Elisabeth (Hrsg.), Fördernde Leistungsbeurteilung, Wien, S. 39-79

Ingenkamp, Karlheinz / Lissmann, Urban (2008): Lehrbuch der pädagogischen Diagnostik, 6. Auflage, Weinheim

Jungkamp, Burkhard / John-Ohnesorg, Marei *(Hrsg.)* (2018): Können ohne Wissen? Bildungsstandards und Kompetenzorientierung in der Praxis, Bonn (= Schriftenreihe des Netzwerk Bildung)

Jürgens, Eiko (2010): Leistung und Beurteilung in der Schule. Eine Einführung in Leistungs- und Bewertungsfragen aus pädagogischer Sicht, 7. Auflage, Sankt Augustin

Klafki, Wolfgang (1996): Sinn und Unsinn des Leistungsprinzips in der Erziehung, in: ders., Neue Studien zur Bildungstheorie und Didaktik. Zeitgemäße Allgemeinbildung und kritisch-konstruktive Didaktik, 5. Auflage, Weinheim und Basel

Klauer, Karl Josef (1982): Perspektiven pädagogischer Diagnostik, in: ders. (Hrsg.), Handbuch der Pädagogischen Diagnostik. Band 1, Düsseldorf, S. 3-14

Klieme, Eckhard u. a. (2007): Zur Entwicklung nationaler Bildungsstandards. Eine Expertise, Berlin u. a. (= Reihe Bildungsforschung; Band 1)

Klieme, Eckhard / Maag-Merki, Katharina / Hartig, Johannes (2007): Kompetenzbegriff und Bedeutung von Kompetenzen im Bildungswesen, in: Hartig, Johannes und Klieme, Eckhard (Hrsg.), Möglichkeiten und Voraussetzungen technologiebasierter Kompetenzdiagnostik. Eine Expertise im Auftrag des Bundesministeriums für Bildung und Forschung. Bonn, Berlin, S. 5-15

KLIPPERT, HEINZ (1994): Methoden-Training, 2. Auflage, Weinheim und Basel

KMK (2015a): Gesamtstrategie der Kultusministerkonferenz zum Bildungsmonitoring, München und Neuwied

KMK (2015b): Übergang von der Grundschule in Schulen des Sekundarbereichs I und Förderung, Beobachtung und Orientierung in den Jahrgangsstufen 5 und 6 (sog. Orientierungsstufe), München und Neuwied

KMK (2005): Bildungsstandards der Kultusministerkonferenz. Erläuterungen zur Konzeption und zur Entwicklung, München und Neuwied

KMK (2003): Vereinbarung über Bildungsstandards für den Mittleren Schulabschluss (Jahrgangsstufe 10). Beschluss der Kultusministerkonferenz vom 04.12.2003, München und Neuwied

LÖWISCH, DIETER-JÜRGEN (2000): Kompetentes Handeln. Bausteine für eine lebensweltbezogene Bildung. Darmstadt

MAAZ, KAI / BAERISWYL, FRANZ / TRAUTWEIN, ULRICH (2011): Herkunft zensiert? Leistungsdiagnostik und soziale Ungleichheiten in der Schule. Eine Studie im Auftrag der Vodafone Stiftung Deutschland, Düsseldorf

MAAZ, KAI (2020): Der lange Arm der sozialen Ungleichheit wirkt bis ins Erwachsenenalter. Entwicklungen und Perspektiven sozialer Disparitäten, in: Fischer, Christian u. a., Begabungsförderung, Leistungsentwicklung, Bildungsgerechtigkeit – für alle! Beiträge aus der Begabungsforschung, Münster und New York (= Reihe Begabungsförderung. Individuelle Förderung und Inklusive Bildung, Band 9), S. 25-41

MERTENS, DIETER (1974): Schlüsselqualifikationen – Thesen zur Schulung für eine moderne Gesellschaft, in: Mitteilungen aus der Arbeitsmarkt- und Berufsforschung [7], S. 36-43

NIEHUES, NORBERT / FISCHER, EDGAR / JEREMIAS, CHRISTOPH (2018): Schul- und Prüfungsrecht. Band 2: Prüfungsrecht, 7. Auflage, München (= Schriftenreihe der Neuen juristischen Wochenschrift, Band 27/2)

OPHUYSEN, STEFANIE VAN / LINTORF, KATRIN (2013): Pädagogische Diagnostik im Schulalltag, in: Beutel, Silvia-Iris / Bos, Wilfried / Porsch, Raphaela (Hrsg.), Lernen in Vielfalt. Chance und Herausforderung für Schul- und Unterrichtsentwicklung, Münster, S. 55-76

PARADIES, LIANE / WESTER, FRANZ / GREVING, JOHANNES (2018): Leistungsmessung und -bewertung, 7. Auflage, Berlin (= Reihe Scriptor Praxis)

RADEMACHER, STEPHAN (2019): Urheber- und Medienrecht im Schulalltag. Kompakt und aktuell – mit vielen Beispielen, Berlin (= Reihe Scriptor Praxis)

RADEMACHER, STEPHAN (2018): Schulrecht, Berlin (= Reihe Schule leiten von A bis Z)

RADEMACHER, STEPHAN (2016a): Protokolle und Gutachten rechtssicher formulieren. Teil 1: Protokolle von mündlichen Prüfungen, in: Schulverwaltung Hessen/Rheinland-Pfalz (21), H. 9, S. 253-255

RADEMACHER, STEPHAN (2016b): Protokolle und Gutachten rechtssicher formulieren. Teil 2: Gutachten über schriftliche Prüfungsleistungen, in: Schulverwaltung Hessen/Rheinland-Pfalz (21), H. 10, S. 281-284

RIEBLE, VOLKER (2010): Das Wissenschaftsplagiat. Vom Versagen eines Systems, Frankfurt am Main

RUX, JOHANNES (2018): Schul- und Prüfungsrecht. Band 1: Schulrecht, 6. Auflage, München (= Schriftenreihe der Neuen juristischen Wochenschrift, Band 27/1)

SACHER, WERNER (2014): Leistungen entwickeln, überprüfen und beurteilen. Bewährte und neue Wege für die Primar- und Sekundarstufe, 6. Auflage, Bad Heilbrunn

SACHER, WERNER (2011): Durchführung der Leistungsüberprüfung und Leistungsbeurteilung, in: Sacher, Werner / Winter, Felix (Hrsg.), Diagnose und Beurteilung von Schülerleistungen. Grundlagen und Reformansätze, Hohengehren, S. 27-48

SATTLER, SEBASTIAN (2007): Plagiate in Hausarbeiten. Erklärungsmodelle mit Hilfe der Rational Choice Theorie, Hamburg (= Studienreihe Soziologische Forschungsergebnisse, Band 88)

WANDTKE, ARTUR-AXEL / BULLINGER, WINFRIED *(Hrsg.)* (2014): Praxiskommentar zum Urheberrecht, 4. Auflage, München

WEINERT, FRANZ E. *(Hrsg.)* (2001): Leistungsmessung in Schulen, 2. Auflage, Weinheim

WINTER, FELIX (2018): Lerndialog statt Noten, Weinheim und Basel

WINTER, FELIX (2011): Leistungsbewertung. Eine neue Lernkultur braucht einen anderen Umgang mit den Schülerleistungen, 4. Auflage, Baltmannsweiler (= Reihe Grundlagen der Schulpädagogik, Band 49)

ZABOROWSKI, KATRIN ULRIKE / MEIER, MICHAEL / BREIDENSTEIN, GEORG (2011): Leistungsbewertung im Unterricht. Ethnographische Studien zur Bewertungspraxis in Gymnasien und Sekundarschulen, Wiesbaden (= Reihe Studien zur Schul- und Bildungsforschung, Band 32)

ZIEGENSPECK, JÖRG (1999): Handbuch Zensur und Zeugnis in der Schule, Bad Heilbrunn

Register